连接更多书与书,书与人,人与人。

和道同行

和解道德经 道篇

和振刚 著

当代世界出版社

图书在版编目（CIP）数据

和道同行：和解道德经（道篇）/ 和振刚著． —— 北京：当代世界出版社，2018.11
ISBN 978-7-5090-1446-2

Ⅰ．①和… Ⅱ．①和… Ⅲ．①道家 ②《道德经》- 通俗读物 Ⅳ．① B223.1-49

中国版本图书馆CIP数据核字（2018）第 207123 号

和道同行：和解道德经（道篇）

作　　者：	和振刚
出版发行：	当代世界出版社
地　　址：	北京市复兴路 4 号（100860）
网　　址：	http://www.worldpress.org.cn
编务电话：	（010）83908456
发行电话：	（010）83908409
	（010）83908377
	（010）83908423（邮购）
	（010）83908410（传真）
经　　销：	全国新华书店
印　　刷：	北京宝丰印刷有限公司
开　　本：	710mm×1000mm　1/16
印　　张：	15.5
字　　数：	220 千字
版　　次：	2018 年 11 月第 1 版
印　　次：	2018 年 11 月第 1 次印刷
书　　号：	ISBN 978-7-5090-1446-2
定　　价：	48.00 元

如发现印装质量问题，请与承印厂联系调换。
版权所有，翻版必究，未经许可，不得转载！

以和为纲行于道

——任群榜荐序

孔子说:"益者三友,友直,友谅,友多闻,益矣。"同和振刚老师交往很多年了,和振刚老师不仅是我的益友,更是能为我人生道路指点迷津的良师。

和振刚老师博学多闻,学有专攻。他对中国传统文化,尤其是道家学派的哲学思想研究造诣颇深。我由衷地钦佩他在对《道德经》的解读中闪耀的真知灼见和睿智光芒。他也曾多次表达过对我创业精神的敬佩之意。虽然我正努力地走在创业路上,但听到他的溢美之词,每每令我汗颜不已,也如鞭策一般时时催我奋进。

同和振刚老师结缘也有地域的关系,他居老子故里——鹿邑,我居吉鸿昌将军之乡——扶沟。同为厚重之地,同是魅力之城,更加上两地相距很近,让我们结下了深厚的友谊。有一首歌唱得好:"朋友是天,朋友是地,有了朋友可以顶天立地。"正是有和振刚老师这样亦师亦友知己的一路陪伴,我的创业路才走得无比踏实和自信。

基于这样的关系,和振刚老师的新著《和道同行》邀我作序。朋友高抬,让我受宠若惊。实在是笔拙才浅,难以胜任,多次推托未果,方才战战兢兢，勉为其难，谈谈我对这部书的个人体悟。

拿到书稿，首先吸引我的就是题目中与作者姓氏一样的"和"字。"和"是中华文化的核心观念，贯穿于我国千百年来的历史进程，对"和"的崇尚一直是中华传统文化的主流。单看《道德经》这部只有八十一章五千言的著作，却有七章直接出现了"和"字，除此之外，还有多处内容与"和"紧密相关。而对于"和"的论述绝不仅仅是老子的专利。《论语·学而第一》中有子曰："礼之用，和为贵。"《论语·季氏十六》："盖均无贫，和无寡，安无倾。"……

"和"文化促进了中华文明多元价值的形成，可以说是中华文明的源点，塑造了华夏文明的性格。随着中华文明生生不息的传承，今天，"和"在中国对外交往中发挥着越来越重要的作用。从1955年的万隆会议上周恩来总理提出的"求同存异"的外交主张，到2008年奥运会上"我和你，心连心"的经典咏唱，再到"一带一路""人类命运共同体"的提出，无一不是"和"理念的体现。"和"饱含着丰富的中国传统哲学智慧。"和"呈现出了极强的包容性，"和"是对立统一的思想交融，"君子和而不同"，体现出中国传统哲学中的融合精神，人与天地自然要和谐共生，世界各国之间要和平共处，中华民族要实现长久的和谐安定，一个家庭要实现家和万事兴的美好生活，在个人事业中要与合作伙伴实现和气生财，在自我健康管理中要遵循心平气和的养生之道。在这部书中，作者用他如椽之笔，已诠释至极。

合上书稿，我不禁再次为和振刚老师竖起了拇指。

《道德经》不仅仅是一部思想哲学著作，更是集大成者，形而上者，万端之本者。晋代哲学家王弼在《老子指略》中说："老子之书，其几乎可一言以蔽之。噫！崇本息末而已矣。"两千多年来，对《道德经》一书，注解者甚多，显名者少矣；评述者亦盛，自成一家者鲜矣；传承者盖繁，得其真旨者寥矣。司马谈（西汉史学家司马迁之父）在《论六家要旨》中说："道家使人精神专一，动合无形，赡足万物。其为术也，因阳之大顺，采儒墨之善，撮名法之要，与时迁移，应物变化，立俗施事，无所不宜，指约而易操，事少而功多。"道家思想"综罗百代，广博精微"，深奥而玄妙。

我们今人研究老子及其《道德经》所能借助的主要是古籍。而从浩如烟海的古籍中去粗取精，去伪存真，去繁求简，实在是海量的工作。因此，对于今人研究《道德经》，无论他成果如何，单凭做这些吃力不讨好的繁琐工作，就足以令人敬佩。这也是我为和振刚老师点赞的原因之一。更重要的原因当然还是他的著作本身。《和道同行》这部书自始至终彰显着作者本人睿智、谦和的光芒，就像他自己在书中说的那样："由于'大道泛兮其可左右，道常无名复归于朴，大音希声，大象无形'等特性，大道之奥不是我等之辈能完全悟透解清的。因此，我就只能从森林中的其中一棵树开始观察，从百花园中的其中一朵花开始嗅香，从内心众多感受中最强烈的那个声音开始细听……这个声音就是——'和'。"作者的聪颖、敏锐就在于，他洞察到了森林中那棵最特别的树，撷取了一片最富有美感的叶；他甄别出了百花园中那株最芬芳的花，嗅出了花蕊散发的最醉人的香；他捕捉到了自己内心深处最扣人心弦的那个灵感，细听着灵感拨动心弦的声音。这个声音从远古传来，两千多年不曾中断，而且愈来愈清晰、强烈。这个声音不但有历史的厚重，更具有时代的色彩和活力。文艺作品来源于生活，它是时代的产物，也必然服务于时代。作者把《道德经》的智慧与企业管理、家庭幸福、身心健康、亲子教育、社会和谐等结合起来，正是经典为我所用、为时代所用的体现。这也是我为和振刚老师点赞的又一重要原因。

通过认真学习这本书，并结合自身从事的医疗、养老行业的现状，深刻体会到"和"在当今家庭和社会中的分量。俗话说：家和万事兴。这里所说的"和"，既有家庭团结和睦之"和"，也有一家人，尤其是老年人身体健康，和和美美之"和"。甚至可以说，后者更重要，它是"家和万事兴"的核心和基石，更是整个社会和谐的核心和基石。

新的时代，作者用新的思想去解释《道德经》，认真品味该书，还有一些诠释让人感觉眼前一亮，例如作者对"无为"的解释：无为，那是"为"的一种顺道方式，无为的核心含义是指做任何事情都要依道而为，顺应自然，尊道贵德，敬畏天地，而不能胆大妄为，强行而为，为为而为，强己所为，强人所为。

在中国进入老龄社会时期，在医养结合的创业路上，从涉及老年人的思想情操、生活起居、个人情感、休闲娱乐、养生保健和社会关爱等各个方面，我们完全可以以《和道同行》为教材，从中找到与"孝敬老人，善待老人，使老人老有所养、老有所医、老有所乐"等相关的解读和指导。并以此在全社会倡导敬老新风，为建设和谐社会奠定坚实的精神基础。

《和道同行》的面世，像一盏指路明灯，为思想困惑的人们照亮了以"德"为本的和谐前行"道"路。

和为贵、孝为道、敬为德，《和道同行》站在历史的新起点和理论的新高度，准确把握时代的脉搏，让浮躁的人们感受到精神的力量，让迷茫的人们坚定前进的方向。

2018年9月

大道无形德为范

——王天相荐序

也许是因为自己亦尊崇道家思想的缘故,一直以来都在探寻《道德经》中蕴涵的智慧宝藏。在一次讲座活动中我与和振刚老师偶然相遇,他对国学《道德经》智慧的深悟让我折服,从此,我们一朝握手,彼此成为了挚友。

和振刚老师总是会把《道德经》这部玄之又玄的经典名著,用通俗易懂的方式呈现出来,他论道深入浅出,悟道举一反三,用道据实而取。我特别认同和振刚老师经常讲到的两句话:一是学习《道德经》不是为了让我们增长知识,而是为了引领我们回归常识;二是传播《道德经》不是为了让我们坐而论道,而是为了让我们起而行之。

《和道同行》这部书,是和振刚老师对《道德经》潜心领悟的结晶,在出版之际,邀我作序,我荣幸之余内心颇感忐忑,总是在想该如何为读者更准确地介绍这部著作的特点,思来想去,始终难以提笔。索性,就把我拜读了《和道同行》书稿之后的感想,与读者朋友做一些分享吧。

一、遵循大道至简,回归朴实本真

《道德经》这部伟大的著作,虽然只有短短五千言,却包罗万象,其大无外，涵盖了自然科学、人生哲学、治国之要、齐家之法等，因此在学习《道德经》的时候很多朋友深感困惑不解，《和道同行》这部书的创作宗旨就是以"实用"为本。和振刚老师从人们现实生活中的细微现象切入，本着"大道至简"的原则，引领我们把《道德经》智慧运用到个人的修身之中，运用到事业发展之中，运用到家庭幸福之中等。作者以朴素的语言为我们真正践行《道德经》智慧提供了清晰的路径。沿着践行《道德经》的道路前行，让我本人受益匪浅。

我本人几十年来一直从事医疗事业，从做一名医生到现在建设了一家医院。在过往的经历中每天都会与众多的病人密切接触。有时候与病人沟通病情时，如果用医学科学的语言来交流，很多病人难以理解，而采用人们日常生活中简单的现象作为病理的比喻，病人瞬间便会明了。遵循大道至简，回归朴实本真，这是我对《和道同行》的第一个读后感悟。

二、奉行上善若水，善利众而不争

和振刚老师在《和道同行》中用浓重的笔墨诠释了"上善若水"。"上善若水，水善利万物而不争，故几于道"。当人们在追问"上善"是什么的时候，老子回答说上善若水。为什么说上善若水呢？因为水有三大宝贵的品格：一是"水善利万物"。因为大自然没有河流山川就没有了山水之美；田地间五谷没有水的滋养就无法获得丰收；绿草红花没有雨露亲沾就失去了大地的多彩；人类没有水的饮用就不能繁衍生存等。二是"不争"。虽然水有利于万物之功，但水却不自恃功高，不争名夺利，永远默默地滋养着自然万物，具有"随风潜入夜，润物细无声"之德。三是"处众人之所恶"。有句老话叫做"人往高处走，水往低处流"。众人都希望自己位置越来越高，而水却甘愿自居下位。

本人对"上善若水"有更深切的体悟,"上善若水"其实正是对医者提出了为医之道。作为医者,一是要善利患者,不但通过医疗技术为患者医治身体,更要通过发自内心的仁爱为患者送去精神的慰藉。二是医者要牢牢树立不争之德,尽管有许许多多的患者通过医者的努力重获健康,但是医者要明白这是自己应该做的,千万不能因此争名夺利,要以一颗平常心和谦虚心来迎接下一位需要救治的患者。三是医者要善于处下,在身份上善于处下,与广大患者融为一体,视病人如亲人。在医疗技术的学习提升上要谦卑处下,永远把自己当成一个学生,只有这样,才能让医技精益求精,医德更加高尚。奉行上善若水,善利众而不争是我对《和道同行》的第二个读后感悟。

三、持守无为而治,践行道法自然

和振刚老师在《和道同行》中写道:无为而治的核心含义是指做任何事情都要依道而为,顺势而为,遵循自然规律而为,践行上善若水而为。

是的,任何事情都有其自身的规律,作为每一个人的身体健康机理与四季有着密切的关系,其呈现出的规律就是春生夏长秋收冬藏,人人皆应遵守,但是现实生活中总会有很多人逆道而为,与规律抗衡,结果出现了很多身体健康受损的状况。作为一家医院也是一样,只要永远坚守患者至上的大道之根,永远坚守医者仁心的大爱精神,通过精湛的医疗技术和精心的护理服务,来满足患者的生理需求和心理需求,患者自然而然地会在心中为医院点赞,医院则会在老百姓心中形成良好的口碑,从而实现医院的健康持续发展。持守无为而治,践行道法自然,是我对《和道同行》的第三个读后感悟。

老子的《道德经》是一部具有2500多年历史的国学经典，历史的浮尘无法遮掩它璀璨的光芒，而和振刚老师的《和道同行》为我们更好地领悟这部经典提供了路线图，沿着这个路线图，我相信广大读者一定会寻找到属于自己的人生智慧宝藏。

2018年9月

自序

——老子不老

夜已深……

合上《道德经》，走到窗前静立俯视：路灯为黑夜带来柔柔的光亮，虽然是柔光，但却为夜行的人们指引着前进的方向。抬头眺望远处的夜空，欣喜地发现，依稀还能看见几颗星星挂在夜空。很久没有看到星星了，也许是雾霾的天气遮住了璀璨的星光，也许是自己很久以来，根本就没有静下来认真地看看天空了。此刻，屏住呼吸，好奇地猜想着星星的后面是什么呢？我坚信这星光点点的浩瀚夜空中一定隐藏着很多宝贵的东西，也许探究的意义就在于此吧。

随着思绪的自由扩散，我隐隐地感到，圣人老子就在我们身边，这位智慧的老人用那深奥而又朴实的语言告诉着我们夜空背后的答案——"无，名天地之始；有，名万物之母。常无欲，以观其妙；常有欲，以观其徼……"；"天下万物生于有，有生于无"；"道生一，一生二，二生三，三生万物……"

突然，一声刺耳的刹车声，把我拉回了当下。好像是路上发生了车祸，猛烈的刹车声音告诉我，这位驾驶者在飞快的车速下突然遇到了什么情况……默默地祝福他，但愿平安无事。"企者不立，跨者不行……"老子也在温馨地提示行走在路上的我们，时时刻刻都要把握好前进的速度，安全平稳地驶向目标。

　　定神一想，人的一生不就恰似一辆行驶在道路上的车吗？一要看清方向，有了正确清晰的方向，才不会误行乱撞。正如老子所言："使我介然有知，行于大道，唯施是畏"；二要有明确的目标，有目标的人生才不会漂浮迷茫，同时要明白自己的能量是否能够支撑目标的实现。正如老子所言："知人者智、自知者明、胜人者有力、自胜者强"；三要控制好节奏，把握好速度，避免失控翻车。正如老子所言"企者不立，跨者不行"；四要遵规守则，该停则停，该行则行，该让则让，千万不能胆大妄为，千万不能逆道而行，否则就会违规受罚。正如老子所言："知足不辱，知止不殆，可以长久"；五要在大道上行走，不可投机取巧走捷径。正如老子所言："大道甚夷，而民好径"；六要谨慎驾驶，预知危险，远离危险，再宽的路也会有边，再小的山也会有沟，得意不可忘形。正如老子所言："豫兮若冬涉川，犹兮若畏四邻"……

　　此刻，我不禁会心一笑，老子早在2500年前对人生前行路上可能遇到的问题，都已经给出了明确的答案，这答案归根结底就是一个字——道。这道是老子从日月星辰的天体运行规律中了悟而出的，这道是老子从大地万物生长衰亡往复中了悟而得的，这道是老子从人间万象的生活实践中了悟而成的。两千多年的岁月长河不但没有淹没老子之道的伟大，反而让老子的大道之学在历经沧桑洗礼之后愈显生机勃勃，至今老子的大道思想依然熠熠生辉，指导着我们当下的每一个人，当然，也必将持续影响着人类的未来。

　　是的，老子不老，老子始终在道之所处默默地指引着我们前行的方向。当你在奔波追逐中渐渐迷失自我，当眼花缭乱的世界令你心慌意乱，老子会善意地告诉你"五色令人目盲，五音令人耳聋，五味令人口爽，驰骋畋猎令人心发狂……"瞬间让你冷静下来，找回自我；当你胸怀鸿鹄大志，拥有坚定的理想信念，但是你的梦想还没有得到理解与支持，甚至遭到他人嘲笑的时候，老子会淡然地告诉你"上士闻道，勤而行之；中士闻道，若存若亡；下士闻道，大笑之，不笑不足以为道"，让你瞬间壮志归心，从此，不再让外界的眼神阻挡你前行的脚步；当你的人生处于功成名就，内心开始有些飘飘然时，你会听到老子的忠告"持而盈之，不如其已。揣而锐之，不可长保。金玉满堂，莫之能守。富贵而骄，自遗其咎。功遂身退，天之道"。

老子不老，因为老子给我们留下了永远不朽的《道德经》，这《道德经》的智慧如同甘甜的泉水，让我们随渴随饮，永不枯竭。老子不老，因为老子形消而神存，我们以敬畏之心向老子施礼，也借用老子所著《道德经》中的一句话，向圣人老子以示深深的感恩和无限的追忆。这正是"不失其所者久，死而不亡者寿"。

道在心中心为道，
德行天下天下德。
经源春秋春秋经，
老子不老不老情。

和振刚
2018年9月

说说《和道同行》

《道德经》是一部言简义丰的宏达名著，尽管全书只有五千余字（以前书名曾叫《老子五千文》），但却涵盖了自然万象之道、治国安邦之道、军事用兵之道、修身齐家之道、健康养生之道等丰富的内容，在传统哲学、科学、政治、宗教等领域均产生了深远的影响，可以说是一部内容与深意其大无外的经典著作，被人们尊誉为"万经之王"。《道德经》是中国历史上最伟大的名著之一，也是世界上被公认的传播最广的文化名著之一，当之无愧地代表了东方智慧的明灯，据联合国教科文组织统计，《道德经》是除了《圣经》以外被译成外国文字发布量最多的一部书。

由于《道德经》的博大精深，众多有识之士为了弘扬和运用《道德经》的智慧，先后有哲学家、史学家、政治家、文学家、科学家、军事家、医学家、道家修行人士等从不同角度对《道德经》进行了诠释和解读。解读《道德经》的作品不胜枚举，各有千秋。对《道德经》这部包罗万象且博大精深的名著，很多解读者"横看成岭侧成峰，远近高低各不同"，就像《道德经》开篇第一章的第一句话所讲"道可道，非常道；名可名，非常名"。

怀着一颗对圣人老子的崇敬之心，怀着一颗对《道德经》的敬畏之心，怀着一颗忐忑不安之心，在自己内心呼唤了千百次之后，经过身边同道中人的多次鼓励与支持，加之向许多道家文化前辈们的"求道"之后，我终于颤颤巍巍地拿起了手中的拙笔，开始了一段内心与圣人老子跨越时间与空间的对话。在圣人老子的指引下，仅以自己最大的能力探究天、地、人的从属关系，静悟身、名、利的孰重孰轻，思考无为而为的大道哲学，汲取上善若水的老子智慧，惊叹柔之胜刚的至真思想，体悟为而不争的人生之道，敬仰老子反战尚和的爱民情怀，了悟回归道法自然的美好境地。由于"大道泛兮其可左右，道常无名复归于朴，大音希声，大象无形"等特性，大道之奥不是我等之辈能完全悟透解清的。因此，我就只能从森林中的一棵树开始观察，从百花园中的一朵花开始嗅香，从内心众多感受中最强烈的那个声音开始细听，终于有一天，我渐渐地听到了一个字的声音。这个字的声音越来越清晰，如同圣人老子在你耳边的谆谆教诲，这个声音就是——"和"。

和，在《道德经》中，先后有七章均使用了带有和字的语言，分别是第二章的"音声相和，前后相随"，第四章的"和其光，同其尘"，第十八章的"六亲不和，有孝慈"，第四十二章的"万物负阴而抱阳，冲气以为和"，第五十五章的"终日号而不嗄，和之至也"，第五十六章再次强调"和其光，同其尘"，第七十九章的"和大怨，必有馀怨"；另外老子在论述用兵时，先后还有五章都表达了厌武尚和的思想，分别是第三十章、三十一章、四十六章、六十八章、六十九章；还有在第六十一章论述大国与小国之间和平外交、和谐相融的经典论段："大国者下流，天下之交，天下之牝也……大国不过欲兼畜人，小国不过欲入事人，夫两者，各得其所，大者宜为下"；在第八十章老子对小国寡民的论道中，向我们描绘了"甘其食，美其服，安其居，乐其俗。邻国相望，鸡犬之声相闻……"的一个和谐社会的美好景象。由此可见《道德经》共有十四章内容直接与和有着密切的关系，关于老子对和的思想论述，的确值得我们深深地领悟。

"和"字的组成,一个禾苗的"禾",寓意五谷丰收,加上一个"口",寓意着人人都能吃饱饭,所以"和"字最初寓意着老百姓都能有田种、有饭吃,天下就会和平安定。现在人们赋予了"和"字更加丰富的内涵。一是表述相安和谐之意,如和美、和睦、和谐、和声等。二是表述平静自然之意,如温和、祥和、和蔼、和煦等。三是表述平息争端之意,如讲和、和约、和议、和亲等。四是表述数学运算之意,数字相加的结果为和。五是表述连带之意,如和盘托出、和衣而睡。六是表示连词之意,如我和我的祖国,一刻也不能分割。七是表述介词之意,有向、对的意思,如我和老师请教问题。八是指竞技比赛不分胜负之意,如和棋、和局。九指名词之意,如和服、大和民族等,十指姓氏,如我的家族就是和姓。

纵向观历史、横向观世界,"和"是中华传统文化的核心理念,贯穿于我国千百年来的历史进程,对"和"的崇尚一直是中华传统文化的主流。"和"文化促进了中华文明多元价值的形成,可以说是中华文明的原点,塑造了华夏文明的性格。向外观远方、向内观自己,"和"饱含着丰富的中国传统哲学智慧。"和"呈现出了极强的包容性,"和"是对立统一的思想交融,"君子和而不同",体现出中国传统哲学中的融合精神。人与天地自然要和谐共生,世界各国之间要和平共处,中华民族要实现长久的和谐安定,一个家庭要实现家和万事兴的美好生活,在个人事业中要与合作伙伴实现和气生财,在自我健康管理中要遵循心平气和的养生之道。2007年12月27日,国际《道德经》论坛以"和谐世界,以道相通"为主题,弘扬道德经,传播和文化;2008年北京奥运会的主题歌是"我和你,心连心,同住地球村……"正所谓国和则昌,家和则旺,人和则顺,心和则康。

《和道同行》的创作初心是与爱好《道德经》的朋友进行畅所欲言的交流,对当下如何将《道德经》的智慧运用于自己的人生,进行一些抛砖引玉的启示（书中在《道德经》智慧与企业管理、《道德经》智慧与家庭幸福、《道德经》智慧与身心健康、《道德经》智慧与亲子教育、《道德经》智慧与社会和谐等方面均有相应的论述）。书的内容结构按照《道德经》之道篇（即前37章）逐章解读，每一章分别由"古文今诵""古文今译""古文今解""古为今用"四个重点部分组成；另外，为了使各位亲爱的读者能更好地将《道德经》与"和文化"两者之间千丝万缕的联系结合起来同步思考，每一章还增加了"'和'解本章"的内容；为了使各位读者朋友随时记录读书的收获，在每一章的最后特意设计了本章读后"感悟随笔"的专栏。

你若与此书相遇，说明我们有缘，更是我之荣幸，我更愿将此书当作是会友的一条友谊丝带。

还要特意说一句：学习《道德经》不是为了让我们增长知识，而是为了让我们回归常识。学习《道德经》不是为了坐而论道，而是为了起而行之。

和振刚

2018年9月

老子其人

老子,这位伟大的千古圣人,我国乃至世界著名的思想家、哲学家,道家学派的创始人,其个人生平历史资料却记载不多。司马迁所著的《史记·老子列传》中,对老子的记载也只有区区几百字。民间关于老子其人的传说,却有着很多不同的版本。接下来,我们就走近圣人老子,一睹他的尊容。

《史记》中的老子

根据《史记》记载:老子者,楚苦县厉乡曲仁里人也,姓李氏,名耳,字聃,周守藏室之史也。

孔子适周,将问礼于老子。老子曰:"子所言者,其人与骨皆已朽矣,独其言在耳。且君子得其时则驾,不得其时则蓬累而行。吾闻之,良贾深藏若虚,君子盛德容貌若愚。去子之骄气与多欲,态色与淫志,是皆无益于子之身。吾所以告子,若是而已。"

孔子去,谓弟子曰:"鸟,吾知其能飞;鱼,吾知其能游;兽,吾知其能走。走者可以为罔,游者可以为纶,飞者可以为矰。至于龙,吾不能知其乘风云而上天。吾今日见老子,其犹龙邪!"

老子修道德,其学以自隐无名为务。居周久之,见周之衰,遂乃去。

至关，关令尹喜曰："子将隐矣，强为我著书。"于是老子乃著书上下篇，言道德之意五千余言而去，莫知其所终。

《史记》中对老子的这些文字记载，其大意如下：

老子是楚国苦县厉乡曲仁里人。姓李，名耳，字聃，做过周朝掌管藏书室的史官。

孔子前往周都，想向老子请教礼的学问。老子说："你所说的礼，倡导它的人和骨头都已经腐烂了，只有他的言论还在。况且君子时运来了就驾着车出去做官，生不逢时，就像蓬草一样随风飘转。我听说，善于经商的人把货物隐藏起来，好像什么东西也没有，君子具有高尚的品德，他的容貌谦虚得像愚钝的人。抛弃您的骄气和过多的欲望，抛弃您做作的情态神色和过大的志向，这些对于您自身都是没有好处的。我能告诉您的，就这些罢了。"

孔子离去以后，对弟子们说："鸟，我知道它能飞；鱼，我知道它能游；兽，我知道它能跑。会跑的可以织网捕获它，会游的可制成丝线去钓它，会飞的可以用箭去射它。至于龙，我就不知道该怎么办了，它是驾着风而飞腾升天的。我今天见到的老子，大概就是龙吧！"

老子研究道德学问，他的学说以隐匿声迹、不求闻达为宗旨。他在周都住了很久，见周朝衰微了，于是就离开周都。到了函谷关，关令尹喜对他说："您就要隐居了，勉力为我们写一本书吧。"于是老子就撰写了本书，分上下两篇（现在人们将上篇归纳为阐道；下篇归纳为言德），阐述了道德的本意，共五千多字，然后才离去，此后再没有人知道他的下落。

通过《史记》的记载，我们也只能了解到老子三个方面的情况。

第一是老子的姓名、籍贯、职业；第二是老子与孔子这两位圣人有过会晤；第三《道德经》是老子的唯一著作。关于老子的生平史料还有很多方面没有得到完整的呈现。例如，老子诞生时间和逝世时间，老子的家庭身世等均没有详细的记载。后人通过其他史料的考证，给出了老子诞生于春秋末年，约公元前571年，逝世于约公元前471年。

传说中的老子

春秋时期，今河南的鹿邑县城原名为苦县，城东十里有个村庄，叫曲仁里，村前有条小河，河水清凌凌，两岸有很多李子树。沟边有一户人家，这家有个闺女，年长二十八岁，模样俊俏，知书识理，爹娘把她看成掌上明珠。这闺女有个犟脾气，她决定终身不嫁，一生守在二老身旁，安心攻读诗书，侍奉爹娘。

一天，这闺女到河里洗衣裳，在石头上搓了一阵，举起棒槌正要往下捶，忽然看见两个肚子长在一起的李子从水面漂了过来。她放下棒槌伸手把李子捞起来。只见两个李子都是一面鼓肚儿，像人的两个大耳朵合在一起的形状。这李子青里透黄，黄里透红，咬一口尝尝，又甜又酸。这闺女还没顾得仔细品味，几口就吃完了。

刚吃完李子，她就感觉心翻难受起来，想呕吐，又吐不出来。她刚想站起来回家，忽听肚子里有人说起话来：

"母亲大人，莫要难过，等孩儿坐正了也就好了。"

她红着脸，小声对着肚子问："你是谁？咋钻到我肚里了？"

肚里说："你刚才吃下李子，怀了我，我是你的孩子呀。"

"你既然是我的孩子，也会说话了，快出来吧。"

"不行，我要在娘肚里用心思考问题，考虑如何能使笨人变聪明，恶人变善良。"

"你啥时候才出来呢？"

"要等到天长严，牵骆驼的人来了，我才能出去。"

转眼过了十个月，孩子还没有降生，这闺女害怕了。她偷偷跑到一个僻静的地方，小声问肚里的孩子："孩子呀，人怀了孕有七个月八个月生的，也有九个月十个月生的，为娘怀你已满十个月了，你咋还不出生呢？"

肚里问："天长严没有？若天没长严，牵骆驼的没来，时间不到，我不能出来。"

就这样，母子俩经常隔着肚皮说话，可孩子一直不肯出生。整整过了九九八十一个年头，这闺女变成了白发苍苍的老姑娘，她觉得自己没有几年阳寿了，实在等不下去了。这天她走进自己的屋子，坐在床上，问肚里的孩子："孩子，我的冤家呀，整整八十一年了，你还不该降生吗？"

孩子又问："天长严了没有？牵骆驼的来了没有？"

"你咋老问这两句话呢？到底是啥意思？"

"娘啊娘，天机不可泄露，反正是天不长严，牵骆驼的不来，我不能出去。"

又过几天，老闺女想：反正天就剩了东北角一点没长严，今天我干脆给孩子说天长严了，牵骆驼的来了，把孩子给哄出来。主意拿定，她坐在床上，对着肚子说："孩子快出来吧，天长严了，牵骆驼的也来了。"

话音刚落，肚里的孩子就顶断母亲的右肋，拱了出来。咦，原来是个小孩模样的白胡子老头，连头发眉毛都是白的。母亲右肋流血不止，儿子见牵骆驼的没来，知道是母亲骗了他，一时慌了手脚，不知如何是好，哭着说："母亲大人，牵骆驼的没来，我无法撕下骆驼皮补在您身上，这该咋办呢？"说着，双膝跪地，给母亲磕了三个响头。

母亲说："儿呀别哭了，我不埋怨你。你是为娘吃李子怀孕生下来的，李子又像两个耳朵，娘给你指姓起名，就叫李耳吧。临死之前我没别的话讲，常言说人过留名雁过留声，娘进入九泉之后，你在尘世上做个好人，也不枉费我怀你八十一载了。"说罢，气绝身亡。李耳跪在母亲旁边，好生痛哭一场。

因为李耳出生时是老头模样，后来人们就把李耳称为老子。

当然，这只是传说。关于老子诞生的传说还有很多动人的故事，但是，笔者特别钟情于这个版本。倘若问我这其中的原因，大概有如下两点吧。

第一，关于老子诞生的这个传说故事，彰显了母性的伟大，充分体现了女性的孕育之德。正是由于女性孕育的巨大功德，才有了人类的繁衍生息，才有了美好的人间。老子在《道德经》中多次论述了母性的伟大。如第一章有言"无，名天地之始；有，名万物之母"；第六章有言"玄牝之门，是谓天地根。绵绵若存，用之不勤"等。

第二，老子在母亲的肚子里经过了九九八十一年的思考，而后来又著了九九八十一章的思想巨著《道德经》，或许这只是巧合，但却总会让人产生无限遐想。

另外，李渊在建立大唐后，把李耳尊为自己的祖先，自称是老子的后裔，奉老子为"圣祖"，奉道教为国教。民间百姓还把老子供奉为"太上老君"，以表达对老子的敬畏。

其实，静静地想一想，我们也无需对圣人老子的人生进行刨根问底式的追问。我们只需要深深地明白，老子是"和光同尘"的一位具有伟大智慧的古圣先贤。老子的思想真真切切地影响了中华民族几千年，成为了中华文化一面高高飘扬的旗帜，这旗帜不但在中国飘扬，也在世界各国冉冉升起。

老子的思想就像一道光，透过历史的层层浮尘，从春秋时期照耀到了当下，也必将继续照耀我们的明天。

目录

第一章	众妙之门	1
第二章	不言之教	8
第三章	无为而治	13
第四章	和光同尘	20
第五章	守中之道	24
第六章	天地之根	30
第七章	天长地久	35
第八章	上善若水	41
第九章	功遂身退	47
第十章	明白四达	54
第十一章	有无相益	60
第十二章	持本守真	65

第十三章	宠辱不惊	71
第十四章	执古御今	77
第十五章	为道不盈	84
第十六章	致虚守静	90
第十七章	信言为贵	95
第十八章	道废有仁	99
第十九章	见素抱朴	104
第二十章	独贵食母	110
第二十一章	孔德从道	118
第二十二章	曲则能全	124
第二十三章	希言自然	129
第二十四章	企者不立	134
第二十五章	道法自然	138
第二十六章	轻则失根	143

目录

第二十七章	常善救人	148
第二十八章	知雄守雌	153
第二十九章	无为无败	158
第三十章	物壮则老	163
第三十一章	恬淡为上	168
第三十二章	道常无名	174
第三十三章	自知则明	179
第三十四章	大道汜兮	185
第三十五章	道淡无味	190
第三十六章	物极则反	194
第三十七章	不欲以静	199
致谢		204
大道无形德有声		206
悟道		208

第一章

众妙之门

【古文今诵】

道可道①，非常道②；名可名③，非常名④。无⑤，名天地之始；有⑥，名万物之母。故常无，欲以观其妙；常有，欲以观其徼⑦。此两者，同出而异名，同谓之玄。玄之又玄，众妙之门。

【古文今译】

①道可道：第一个道，为宇宙自然之道，是规律、法则之意，属于名词；第二个道，为表达、阐述之意，属于动词。道可道，即道是可以论述的。

②非常道：非，不是的意思。常道，指恒久不变的天地自然、万事万物的循环往复之规律。非常道，即不是恒久不变的大道。

③名可名：第一个名，指道的被揭示、被认识而形成的概念。《辞海》："中国古代逻辑名词，指概念"；第二个名，指被命名。

④非常名：非，不是的意思。常名，恒久不变、无所不包的概念。

⑤无：指道的"未显部分"，气散为无。也常用"无"来代替道。

⑥有：指道的"已显部分"，气聚为有。有，由"无"转化而来。

⑦观其徼：观察万事万物的边界、境界。徼，边界的意思。

———

道能被讲述，但被讲述的便不是永恒博大的道；名能被命名，但被命名的不是永恒不变的名。无，为天地命名的元始；有，为万物命名的母体。所以，常处于无，用无来观察道的奥妙；常处于有，用有来观察天地万物的规律。这无和有两者，同处于道却有不同的名称，都称它为玄妙。这玄妙中又蕴含着玄妙，是进入万物奥妙的总大门。

【古文今解】

本章是《道德经》的开篇，具有总纲和总序的意义。老子重点抛出了"道可道，非常道；名可名，非常名"的论点，论述了"有"和"无"互为一体的关系。为了便于在接下来的解读中更加清晰地进入老子的思想，首先，我们需要对一些重点部分和关键词进行梳理和诠释。

《道德经》共81章，前37章重点"论道"，故称为《道经》；后44章重在"讲德"，故称为《德经》。合起来为《道德经》。

道：是老子哲学的核心概念。"道"其大无外，因为"道"是天地之母；"道"其小无内，因为"道"又蕴藏在万物之中。"道"原指道路，可引申为宇宙的本源；自然万物生长衰亡的规律；社会发展的道路；治理国家的方略；人伦纲常的总则；为人处事的原则等等。每个人心中都有一个"道"，这个"道"是形成一个人宇宙观、世界观、人生观、价值观的总引领、总基础。

下面我们重点解一解"道可道，非常道"。

这句话的意思是：道是可以向众人讲述的，但是能讲述出来的道，就不能称之为原本恒久博大的道了。为什么这么说呢。主要有以下几个方面的原因。

第一，这是由道的特征决定的。一是因为道的范围太广大了，道是产生万事万物的总根源，大到了"其大无外"、无所不包的状态，所以用任何方式都无法把道完全讲述清楚，正如第34章中所言"大道泛兮，其可左右。万物恃之而生而不辞……"二是因为道又太小了，再小的事物中都包含了道的存在，道可以小到"其小无内"的状态，小到让我们看不见形状，听不到声音，摸不到实物（正如第14章所言"视之不见名曰夷，听之不闻名曰希，搏之不得名曰微""是谓无状之状，无物之象，是谓惚恍。迎之不见其首，随之不见其后……"），所以我们无法描述清楚道的模样。

第二，这是由于道的本身决定的，道无声无相，无色无味，无形无状。而且道始终在宇宙背后以其自然而然的规律不断运动，不断变化，有时"有"化为"无"，有时"无"化为"有"。因此道是无法全面描述清楚的。

第三，这是因为道在天地产生之前就已经存在了，而人类有限的认知能力是无法完全把道说清道明的。正如第25章所讲"有物混成，先天地生，寂兮寥兮，独立而不改，周行而不殆，可以为天地母，吾不知其名，强字曰道……"

第四，道包括现有的一切万物，而现有的一切万物并不完全等于道，因为道包含了无（道之未显的部分）和有（道之已显的部分）。而人类认知探究的能力是从"有"开始入手的，所以根本不可能完全把道描述清楚，因为"无"的空间我们不可猜度，无法衡量。

接下来，我们重点解一解"无"和"有"的关系。

人类对道的探究，就是不断认知"无"的空间领域，这就是科学家们不断探知宇宙自然的意义。作为我们每一个个体，通过对道的认知，应该从内心深处树立起敬畏之感，敬畏道的博大，敬畏宇宙的多彩，敬畏老子的传道。同时应该清晰地知道,自己的认知半径是多么的有限。当下还有很多人只是相信眼见为实,盲目对"无"的部分一概否定,这是多么幼稚和无知。很多时候恰恰是因为有"无"的存在,才使我们拥有了生命存在的条件。例如,我们常说的人活一口"气",人死叫做"气"绝身亡。那么"气"是什么东西呢?你能解释清楚吗?气看不见,摸不着,但是却关系着人们的生命。

【古为今用】

（一）体悟"道可道，非常道"：学会表达和倾听。

那么，老子所言的"道可道，非常道"如何运用到我们每个人的自身呢？笔者认为，老子很巧妙地给世人提出了如何谦虚地表达，如何智慧地倾听。一个人在任何时候、任何地方、对任何事物，表达自己的观点时，都不能大言不惭地说出绝对的话、自满的话。因为每个人都有自己的局限性，这局限性与个人的人生经历、知识体系、价值观念等都有着密切的联系。

所以一个人要学会谦虚地表达，或者说是在自己认知半径的范围内客观地表达。那么作为倾听者，更要清晰地认识到，每个表达者都有一定的正面客观性，也不可避免地有一些不足之处，所以要从不同表达中进行综合梳理，最终得出尽可能靠近"道"的答案。

另外，对于同一个事物的论述在不同的时间、不同的空间，都有着不同的答案。因为道会受时间和空间的改变而改变。譬如，十年前你身上不带人民币都无法出门，现在你只要带着手机，走到哪里都可以移动支付。虽然道的本质没有变，出门消费肯定要花钱，但是道的表现形式变化了，那就是支付方式改变了；再譬如，在地球上人们都会说物体一定是从高处向下坠落，因为受万有引力的影响。但是宇航员到太空后就不能说物体一定向下运动了，因为已经脱离了地球引力的范围。但是在没有能力进行探究太空之前，人们只知道地球的万有引力，对浩瀚的太空皆属于人们"无法触及"的领域。这就是道的"无"的空间。

（二）领会"无观其妙，有观其徼"：有无结合运用。

那么，如何将道中所涵盖的"无"和"有"运用到我们的实践中呢？假如作为一个企业的领导者，要实现公司的管理规范有效，必须要建立一套完整的运作流程和规章制度，就是在"有"这个领域的作为；但是，仅仅依靠制度是不够的，因为，制度只能机械性地规定团队人员的行为，却无法触及团队成员的心理。

所以还要建立起企业的文化体系，塑造企业的"精神"，用组织的"灵魂"统领全体人员的思想。这就是在"无"这个领域的作为。"无"看似若虚，但却能起到无法估量的重要意义。因此"有"和"无"必须有机地统一起来，同步实施，才能体现"道"的真正价值。

作为一名健康养生的朋友，外在的养身与内在的养心结合起来才能保养自己的生命，呵护生命的健康。养身你可以按时休息，合理膳食，劳逸结合，运动健身等。而养心的方式就不能标准化了，每个人都有不同的养心方式。养身属于"有"的范畴，只要是"有"的范畴我们都能够以观其徼；而养心属于"无"的层面，心可以大到心怀天下，也可以小到如同针眼儿。心可以无比愉悦，也可能满心惆怅。所以只要是"无"的层面，我们就只能以观其妙。正所谓"百病皆由心生，长寿源于心胸"。

【"和"解本章】

本章关键词：和道同行

《道德经》这一章中，老子明确地告诉了我们，道是产生浩瀚宇宙、天地自然、万事万物的总根源，一切都是道这个"母体"从"无"中（道之未显领域）孕育而来的；同时，道又蕴含依附在一切已有（道之显现的领域）事物中。而我们人类当然也是道的载体，是道的"孩子"，是天地万物之中的一分子。因此，我们应该也必须自觉做到遵道、守道、悟道、行道，始终和道一起同行，做一个心中有道、行中有德的自己。

第一章 众妙之门

随笔

第二章

不言之教

【古文今诵】

天下皆知美之为美,斯恶已①;皆知善之为善,斯不善已。故有无相生,难易相成,长短相较,高下相倾,音声相和,前后相随。是以圣人处无为之事②,行不言之教③,万物作焉而不辞。生而不有,为而不恃,功成而弗居④。夫唯弗居,是以不去。

【古文今译】

①斯恶已:斯,则、就的意思。恶,丑的意思,与美相对。

②无为之事:无为,就是依道而为、遵循宇宙规律、顺应天地自然、不以个人好恶或私欲而为。

③不言之教:不需要用语言实施教化。

④弗居:不居功。

―――

天下人都知道美之所以为美,那是由于有丑陋的存在;都知道善之所以为善,那是因为有恶的存在。所以有和无互相转化,难和易互相形成,长和短互相显现，高和下互相充实，音与声互相谐和，前和后互相接随——这是永恒不变的。因此圣人用无为的观点对待世事，用不言的方式施行教化：道任凭万物自然兴起而不强加施为，道孕化万物并促使万物生长却不占有万物，功成业就而不自居其功。正是由于不居功，所以，其功也就无所谓失去。

【古文今解】

本章是《道德经》的第二章，如果说第一章如同《道德经》全书的总纲，那么，这第二章就是《道德经》这本著作的目录。本章列举了"美与丑、善与恶、有与无、难与易、长与短、高与下、音与声、前与后"互为一体的现象。这些一体两面性、相辅相成性、阴阳互转性都会在接下来的其他章节中逐一展开论述。其实这是老子提出了相对论和辩证法的哲学核心。老子通过美与丑、善与恶等举例告诉世人，要学会对任何事情用辩证的眼光来看待，要看到问题的阴阳两面。这就是让我们无论做什么事情，都要不偏不倚，学会守中之道，做一个智慧的人，避免人生走入某个极端。

下面，我们重点解一解"处无为之事"。

理解"处无为之事"这句话的前提必须要清晰地知道，无为不是消极怠工不作为，不是吃饱等饿靠天赐，不是出世逍遥断红尘（老子在第三章中所讲"为无为，则无不治"，如果无为是消极懈怠的话，那老子干嘛还要在无为前面加个"为"呢。为无为，很显然就是首先要为，至于无为，那是为的一种顺道方式，这在第三章中详解）。无为的核心含义是指做任何事情都要依道而为，顺应自然，尊道贵德，敬畏天地。而不能胆大妄为，强行而为，为为而为，强己所为，强人所为。具有强迫症的人往往让自己活得很紧张，让别人跟着也压抑。

下面，我们重点解一解"行不言之教"。

行不言之教，本意就是无需通过言说来实现教化世人的目的。

这是老子提出的行胜于言的大道智慧。正如有一首歌中唱到"世间自有公道，付出就有回报，说到不如做到，要做就做最好"。还有我们经常说的干部干部就是先干一步；群众看干部，干部看支部；喊破嗓子不如做出样子等。都是在表达行胜于言的道理。

为什么老子强调行胜于言呢？因为说与行之间有三种重大的区别，我们必须要谨记。一是说了，不一定去做了；二是说了，也做了，但不一定做到位了；三是说了，也做到位了，但不一定持久地坚持做下去了；只有说得好，做得好，坚持永远做好了，才能证明说与做是相等的。

另外还有一点需要强调，很多事情是说不明白的，只有通过行为的示范才能达到教化的目的。例如，学习烹饪的时候，老师会说某道菜只有放少许糖、少许醋、少许盐等才能更有味道，但是学生们不知道少许到底是多少。只有老师亲自示范了，学生们才能做到心中有数。

【古为今用】

（一）体悟"处无为之事"：学会无为而为。

那么，我们如何才能把"处无为之事"运用到自己的实践中呢？

作为一名企业管理者，要想做到无为而治，首先应该积极地去为。但是不能先为自己考虑能赚多少利润，什么时候上市，什么时间能上富豪榜。而是要为别人而为，别人有两个群体：一个是你的顾客，因为你只有通过提供优质的产品或服务，来满足顾客的现实需求和未来需求，企业才能在市场上立足，立足稳了、久了，自然而然就形成了品牌，企业的社会价值和影响力才能得以显现；二是满足公司员工的需求，因为优秀的产品一定是靠优秀的团队创造出来的，企业家一定要确保员工的生活食粮，要提升员工的工作能力，要引领员工走向人生的光明大道。这样，优秀员工团队就能持续地在企业中贡献自己的智力。市场的顾客持续购买企业的产品，内部员工持续发挥自己的力量，这样一来，无为的最后就是自然而然地实现了企业家创业的初心和人生梦想。

（二）领会"不言之教"：做到行胜于言。

教育子女，我们父母可以运用不言之教这样的智慧。央视的公益广告中有一个关于家长是孩子最好的老师的短片。这则公益广告是"行胜于言"的最好诠释。短片中，一位看上去已经忙碌了一天的中年母亲，晚上给自己的孩子边洗脚边讲故事，母子两个其乐融融。给孩子洗完脚之后，这位中年母亲又紧接着给自己年迈的母亲打水烫脚。老人家摸着这位孝顺的女儿心疼而关心地说："你都忙了一天了，早点休息吧。"而这位中年母亲却微笑着说："妈，我不累，给您烫烫脚对身体健康有好处。"而这个温暖的画面刚好被中年母亲的儿子看到了。等这位中年母亲给年迈的母亲洗完脚返回房间之后，发现自己的儿子没有在房间，正当她在想孩子去哪里了的时候，看上去只有几岁大的儿子很吃力地端来了一盆水，嘴里说着："妈妈洗脚……"

作为为人父母的朋友们，当你给年龄尚小的孩子讲如何做一名孝顺的好孩子时，孩子们是听不懂的，但是孩子们会从父母的行为中，明白什么是孝顺的真正含义。而且这种从父母身上获得的真实感受，将会让孩子们终生受益。

【"和"解本章】

本章关键词：和而不同

《道德经》本章中，老子以充分的论据告诉我们，任何事物都具有一体阴阳两面性，都是对立而统一的整体。因此，我们要清晰地认识到自己的家庭成员、单位的团队成员、社会上的一切朋友等，都具有各自的优点和不足，都有各自的独特性。而我们每个人都要做到"和而不同"，真诚地欣赏他人的闪光之处，从他们身上学习借鉴自身缺失的部分。千万不能以自己主观的感觉去理想化地改变别人，强迫性地让别人的思想、行为、风格甚至爱好与你保持一致。第一，这不可取；第二，这不可能。哪怕你是再有权威的领导也做不到。所以，当你能做到"和而不同"，那你就是名副其实的"君子"啦。

现在就问问自己是否做到了"和而不同"，如果做到了，那就赶快为自己点个赞吧！

随笔

第三章

无为而治

【古文今诵】

不尚贤①，使民不争；不贵难得之货②，使民不为盗；不见可欲③，使民心不乱。是以圣人之治，虚其心④，实其腹，弱其志⑤，强其骨。常使民无知无欲⑥，使夫智者⑦不敢为也。为无为，则无不治。

【古文今译】

①不尚贤：不刻意崇尚贤能。

②不贵难得之货：不贵，不看重。难得之货，泛指珍宝财富。

③不见可欲：见，显现之意。不让欲望显现出来，这里指控制内心的欲望。

④虚其心：让内心虚静。

⑤弱其志：弱化自己内心的妄为之志。

⑥无知无欲：无，这里指道。无知无欲，这里指个人智慧与欲望需要与道相融。

⑦智者：这里指充满心机智诈的人，属于褒词贬用。

不崇尚贤能之辈，方能使世人不起争斗之心；不看重珍奇财宝，方能使世人不起偷窃之念；不显现容易诱发人们贪欲的事物，方能使世人心思不被惑乱。所以，圣人掌管万民，是使人们内心虚净朴素，让人们肚腹饱足，引导人们弱化心志，实现身体筋骨强壮。人们常常处于"不求知、无所欲"的状态，那么，即使有那些充满心机的人，也不敢轻易妄为了。遵从无为之道治世，天下就没有不太平之理。

【古文今解】

　　本章重点表达了统治者应该实施"虚心实腹，弱智强骨，以道治国"的安邦之道。很多语言不容易理解，更有甚者会引起歧义，让人们对圣人老子的本意产生误会。老子在本章的开头就果断明确地主张"不尚贤"，这与自古以来历朝历代求贤用能的思想相悖；还倡导"弱其志"的思想，也与世人求功求名等观念有明显冲突。那么，要想领会本章的要义，必须从老子当时所处的时代背景和广大老百姓的生存状态来理解。

　　老子所处的春秋末年，是一个社会动荡不安、各路诸侯争霸、战乱不止的时期。当时有陈国、楚国、郑国、齐国、燕国、鲁国、秦国、宋国等很多大大小小的诸侯国。各诸侯国为了自己的一己私欲，称王称霸，上演了一幕幕征战杀伐的残酷之争。无论战争谁胜谁败，都无情地导致了老百姓的流离失所、妻离子散、民不聊生、苦不堪言。第三十章中老子用"师之所处，荆棘生焉，大军之后，必有凶年"无奈而悲凉的语言痛说战争的灾祸。那么，是什么原因导致了战争的发生呢？一大原因就是因为所谓的"尚贤"导致的。

　　尚贤是君王亲自选拔任用具有"大智贤能"之士的举措。如周文王尚贤姜子牙、齐桓公尚贤管仲、楚庄王尚贤孙叔敖。何为"贤能之士"呢?很多是由君王的自我喜好标准判定的。慎子说:"慕贤智,则国治政要,在于一人之心矣。"君王一旦对谁尚贤,就决定了这个人的社会地位和权势富贵,这就免不了那些所谓的贤能之士围绕君王争宠争功,以致造成相互厮杀,血雨腥风。另外,很多"贤能之士"为了体现自己的所谓才能,为了迎合君王称雄争霸的心理,也会纷纷向君王谏言如何扩大本国领土、如何使他国臣服等逆道之言,挑起两国之间甚至多国之间的战事。

所以,不尚贤,就能避免很多流血的战争。当然,老子所说的不尚贤,也不是绝对的无视或故意把有贤能的人才边缘化,而是说不让那些披着贤能外衣,但却为了个人私欲而肆意妄为、不行大道、不顾百姓疾苦的"贤人"来投机取巧。只可惜,在当时的社会氛围中像圣人老子一样具有道高德厚的人,实在是少之甚少呀!

老子本章所说的"不崇尚贤能之辈,方能使世人不起争斗之心;不看重珍奇财宝,方能使世人不起偷窃之念;不显现容易诱发人们贪欲的事物,方能使世人心思不被惑乱"等,都是依道而行的治国安邦之举,最终要达到"无为而治"的理想结果。

【古为今用】

(一)体悟"不见可欲":安放好自己的那颗心。

每个人都有七情六欲(中医从人的心理情绪上解读七情为:喜、怒、忧、思、悲、恐、惊;人们对六欲的通指为:眼、耳、鼻、舌、身、意)。六欲对应就是眼睛喜欢看美丽的东西;耳朵喜欢听悦耳的声音;鼻子喜欢闻透香的味道;舌头喜欢品可口的美味;身体喜欢感触舒适的事物;心里喜欢获得美好的感受。

这些都是人与生俱来的欲望,"不见可欲"的意思不是让人们断绝这本性的欲望,如果是这样的话,就违反了老子推崇的"道法自然"的核心思想了。而是说要"节欲"不能"纵欲",不能为了自己的欲望而做出违反天地自然规律、违反国家法律法规、违反人伦常纲之德的事。否则,我们将会在直接和间接中伤害地球、伤害他人、伤害自己。现在的一些现象必须引起人们的警惕:生态环境的破坏带来了天气的雾霾;利欲熏心的驱使带来了地沟油、瘦肉精、毒奶粉等;痴男怨女情感破裂出现了寻死觅活的现象;总想一夜暴富结果却惨遭失败等。这些都是"见欲强为"的后果。

如何让自己"不见可欲",安放好自己的那颗心呢?我想应该从三个层面来思考:一是区分清楚"需要"和"想要"的不同之处。现在人们大部分的状态是,需要的不多想要的多,或者说自己已经拥有了所需要的衣、食、住、行等人生基本条件,但是还要不停地奋力去争,去争更多想要的东西，到底去争着想获得什么呢？有时候连自己也不知道，但却为此身心俱疲得像个陀螺一样；二是要知道"理想"和"妄想"的不同之处。确定自己人生目标的时候要懂得"靠谱"的含义，不要贪大求全、好高骛远，而要切合实际、脚踏实地。把自己的能力和资源与自己的理想始终做到匹配。自己有几把刷子自己知道，倘若不能去粉刷整个世界，那就把自己的家粉刷得漂漂亮亮的，这也不失为一个明智的选择；三是要知道"进退"之间的大智慧。人生不能一味地进，那些"日进斗金、天天进步"的美丽语言，只能看作是一种祝福而已，有时候后退也是前行的基础。例如，方向如果错了，停止就是前进。不是有一首诗吗："手把青稞插满田，低头便见水中天。六根清净方为道，后退原来是向前。"

（二）领会"为无为"：做到"为则至"。

本章原文中："为无为，则无不治"，是道家文化"无为而治"的核心思想。而我更愿意把这句话中的"治"（治理之意）换作"至"（达到之意）。在此声明，替换"至"字丝毫没有对圣人老子的不敬之意，而是来自个人的感悟。

"为无为，则无不至"这句话，老子告诉我们两层含义，一个是做事的出发点，一个是需要达到的地方，也就是说一个是初心，一个是目的。

先解释一下"为无为"这句话，这区区三个字却包涵了两层深意。应该在这句话中加上一个标点，叫"为，无为"，这样会更直观地体现老子的本意。首先确定，老子的思想是积极入世的，不是出世逍遥的。"为"是前提，"无为"是"为"所采取的具体途径和方式。"为"要"为"什么呢？答案是"一心为公"而不为私。第五章老子说："天地不仁，以万物为刍狗；圣人不仁，以百行为刍狗……"正是因为老子的思想是天下为公，遵道而为，才能达到对众生的一视同仁，彼此才能没有亲疏之别，才能没有远近之分，才能没有厚薄之意，所以显得圣人不仁，其实，不仁乃是圣人的大仁。

一心为公是出发点，是当时的初心，也是永守的原则。那么，该如何去为呢？答案就是采取无为的路径。"无"在《道德经》中有代指"道"的含义。无为的核心含义是指做任何事情都要依道而为，顺势而为，遵守自然规律，践行上善若水。

再说说"无不至"，这句话是"为无为"所要实现的结果。老子很肯定地说："只要按照为无为的大道前进，就没有治理不好的国家，就没有到达不了的地方，就没有实现不了的目标。"如果你还没有达到自己的人生目标，那就要反过来思考一下，自己是不是真正按照"为无为"的道纲而行的。

【"和"解本章】

本章关键词：与己言和

《道德经》这一章中，老子明确地告诉了我们"不尚贤"方能使世人不起争斗之心；"不见可欲"方能使世人心思不被惑乱的思想。那么，作为我们自己而言，是不是也经常自己给自己闹别扭、自己给自己过不去呢？明明知道身上的担子压得自己喘不过气了，还喝着成功的鸡血说"坚持坚持再坚持"；明明身边就有美丽的风景，还狠狠发誓说"等我成功了，我要去环游世界"；明明知道熬夜容易伤害身体，但却调侃说"不是熬夜伤身体，而是熬夜伤手机"。你是否发现一直以来有两个自己，一个是当下需要慢下来的自己，一个是不停在奋力追逐的自己。而且两个自己的距离越来越远，矛盾越来越强烈，声音越来越不和谐……

　　与自己握手言和吧，别再一直戗着啦，让当下的你与远方的你牵手同行，边走边说边笑，多好呀！祝福你，亲爱的朋友！

随笔

第四章

和光同尘

【古文今诵】

道冲①,而用之或不盈②。渊兮,似万物之宗。挫其锐③,解其纷,和其光④,同其尘⑤。湛兮⑥,似或存。吾不知谁之子,象帝之先。

【古文今译】

①道冲:冲,空虚。《辞海》:"冲,空虚"。这里指大道空虚博大。

②不盈:盈,充满;不盈,就是没有止境的意思。

③挫其锐:挫削锋利和尖锐,这里指挫去自己的锋芒。

④和其光:将刺眼的光调和成温柔的光。这里指自掩光华,不突出自我。

⑤同其尘:归同于尘世,这里指道和圣人都不自高自大,而是与世间万民在一起。

⑥湛兮:湛,清澈透明的意思,这里指道是幽深不可见的。

——

大"道"冲虚,但它的作用却是用之不尽。博大精深啊!它好像万物的宗主。挫去了自己的锋芒，化解了自己的纷扰，调和了自己的光辉，让自己融同于尘世。道无形无象啊，又好像永存于宇宙之间。我不知道它是谁之子，似乎是天帝的祖先。

【古文今解】

老子在本章中重点论述了大道的品格、大道的作用、大道的奥妙。大道的品格是冲虚，正是因为冲虚才能够容纳浩瀚的宇宙，才能够包涵千姿百态的自然万物，才能够揽尽古往今来的历史，才能指引无穷无尽的未来，才能解开世间众生的纷扰。这也正体现了道的伟大，体现了道的作用无所不能，宇宙中一切奥秘都可以从道中找到答案，所以道可以当之无愧地称得上"玄之又玄，众妙之门"。

老子用"虚"字表述道其大无外、包罗万象；用"盈"字表述道的空间永不盈满；用"渊"字表述道悠远深邃；用"宗"字表述道是万物之源；用"先"字表述道诞生于一切之前。用"挫其锐，解其纷，和其光，同其尘"表述了道的诸多作用和自我运行规则。用"似或存"谦虚式的疑问句，肯定地给出了道确实"存在"的答案。用"象帝之先"来表述道的可信赖。"象"字通好像之意，"帝"字是天帝之意，"先"字是先祖之意。老子所处时代的人们对天帝是充满敬畏的，是从内心深处信仰天帝的，而老子又把道描述为天帝的先祖，就更加确立了道的伟大、可敬、可信。

【古为今用】

体悟"挫、解、和、同"，把握修身四要。

老子用"挫其锐，解其纷，和其光，同其尘"，表述道的四大运行要则。大道孕育万物，滋养万物，包容万物。大道又是那么的谦虚，那么贴近你我，道不是凌驾于万物之上的独裁者。大道主动自挫其锐，自解纷扰，大道调和自身的光芒做到光而不耀，融同于尘世之间不去做鹤立鸡群。

老子用道所具备的这四大特点，来表述依道而行的当政者或圣人要效法于道。如果你是一位企业领导人，或者是人们的父母官，在为人民服务时，也当以此作为自己的行为准则，实现自身的宏图之志。

"挫其锐"，就是挫去自己的锋芒，不伤害万物，不称王称霸，不傲气凌人，不自恃功高，不自重如山而视民众为草芥，不把民众玩于指掌。

"解其纷"，就是化解自己纷乱不羁的思绪，除去众多的私欲妄想，解脱纠缠不清的邪念，认清自然大道的规律。

"和其光"，就是自我调和光芒，自掩光华，披褐怀玉，不高高在上，不鄙夷他人，更不自诩太阳照亮天空大地，要把自己看成天空中的一个星辰，万物和民众也同属星辰。要使自己的光辉融和在万物和民众的光辉之中，如同日月相映，星光交辉。

"同其尘"，就是永远将自己置身于众生之中，与民同甘共苦，与民同欢同乐，与民众相融相和，顺民意，知民情，惠民生。

【"和"解本章】

本章关键词：和光同尘

和光同尘应用于个人修身，就是应该具有一颗谦虚之心、平常之心、淡泊名利之心，君子和而不同之心。不能自高自大，傲视一切，认为自己就是喜马拉雅。为学者应明白学无止境，你永远只是行走在路上的探索者；为官者应明白官源于民，你本来就是一名普通百姓。就像中国改革开放的总设计师邓小平同志一样,是人民的儿子;为商者应明白市场瞬息万变,没有永远的行业老大,持续创新才是真理。

所以我们要始终保持一颗低调的心,与周围的事物相和,"和"才能产生更大的力量助推自己前行。

随笔

第五章

守中之道

【古文今诵】

天地不仁①,以万物为刍狗②;圣人不仁,以百姓为刍狗。天地之间,其犹橐籥③乎?虚而不屈④,动而愈出。多言数穷⑤,不如守中⑥。

【古文今译】

①天地不仁:不仁,原意没有仁爱之心,这里指"道"没有偏爱之心,视万物平等相待。

②刍狗:用枯草扎成的狗,古代用于祭祀,祭祀结束,就把它丢弃。这里指不刻意地看重某个事物。

③橐籥:古代冶炼鼓风用的器具(在农村,前些年用的生火做饭的风箱)。

④不屈:无穷无尽的意思。

⑤多言数穷:多言,一是指能言善辩的人,二是指统治者颁发的政令太繁多。穷,遇到困难、行不通的意思。

⑥守中:持守虚静、以道而为的意思。

第五章 守中之道

天地是无所谓仁慈的，对待万事万物就像对待刍狗一样，任凭万物自生自灭。圣人也是无所谓仁爱的，对待百姓也同样像对待刍狗那样，任凭人们自作自息。天地之间，难道不正像风箱一样吗？它空虚而不枯竭，越鼓动风就越多，生生不息。政令繁多反而更加使人困惑，更行不通，不如保持守中之道。

【古文今解】

在本章中，老子告诉我们的核心思想是"不仁"才是"大仁"，"守道"就是"守中"。老子运用天地对待万物如刍狗，圣人对待百姓如刍狗作为比喻，形象地论述了"不仁"与"大仁"的关系。老子运用天地之间如同橐龠作为比喻，形象地描绘了守中之道的重要性。

下面，我们重点解一解"天地不仁，以万物为刍狗"这句话。

"天地不仁，以万物为刍狗"，这句话讲的是"天道"。我们猛地一听，感觉天地是那么的无情无义。自古及今，在中国人的心目中，天地广大无边，威力无穷，至仁至爱，佑护苍生。人们在生命的绝望之时祈求老天帮助，遇到恶人作祟时祈望老天惩恶扬善。然而，此时老子却说"天地不仁"，这句话是两千五百多年前说的，这犹如一个惊雷一样，让人有点发懵。甚至让众多跪在地上正在向天地膜拜的人们也直起身来，开始对天地进行新的思考：既然天地那么冷漠，那我为什么还要尊天敬地，还要视天为父，视地为母呢？难道是我们膜拜错了，还是我们不该怀疑天地？

解决这些疑惑，我们必须静下心来，从以下几个方面找到答案。

人类有两个世界，一个是赖以生存的现实世界，还有一个是让内心精神得到寄托的世界。赖以生存的世界给我们提供有形的蔬菜、五谷等食物，也为我们提供空气、阳光和雨露，滋养着人们强健的身体。而内心得到寄托的精神世界洗涤着人们浑浊的内心，指引着人们向着善的方向前进，造就了人们内心的信仰。所以，任何时候，信仰不能丢，对天地的敬畏是人们内心应该的归向。老子并不是要告诉我们尊天敬地是不需要的。那么，老子为什么还要说"天地不仁"呢？那就要进入另外一个层面来理解了，这个层面就是"道"的层面。老子在第一章就告诉了我们"无，名天地之始"。"无"就是代指道的意思，就是说道是天地宇宙产生的本源；第二章又告诉我们"有无相生"，万物都是由"无"到"有"的一种自然转化；万物的衰亡，是"有"到"无"的一种自然规律，不受人间的情感意志而左右。而仁爱之心只是人们心中的感情表达。所以，"离离原上草，一岁一枯荣，野火烧不尽，春风吹又生"。天地的所作所为就是以道而为，因此，人们除了敬畏天地，更应该看到天地背后隐藏的无名功臣——道，更应该遵道守德。

老子说，道生一，一生二，二生三，三生万物。既然道生养了"万物"，而人类只是"万物"中的其中"一个"，那么，猜想一下，如果道对人类大讲"仁爱"，那么对其他动物呢，对花草树木呢，对山川河流呢，是不是也要讲"仁爱"。而有些时候，人类想得到更多道的"偏爱"，恰恰又会使道对其他物种带来伤害，你说说，这个时候"道"该怎么办？比如，你说夏天太热了，冬天太冷了，想让天地四季都如春，可是四季都随你所愿全是春天，那么田里的庄稼怎么丰收呢？因为庄稼需要的是自然规律，是春种、夏长、秋收、冬藏。再比如，老虎总会伤人，干脆把老虎从地球上消灭了算了，但正是因为有了狼豺虎豹、飞禽走兽、鲸豚鱼虾、高山大海、花草树木等众多动物、植物等，才能平衡着自然生态，人类才能拥有一个良性循环的生存环境。

所以，综上所述，我们就能够慢慢理解老子所言"天地不仁"的真正含义了。

下面我们解一解"圣人不仁，以百姓为刍狗"这句话。

老子通过"圣人不仁，以百姓为刍狗"这句话，重点论述"人道"。

这里首先我们应该把"圣人"至少理解为当时的统治者，以及具有"圣人"品格的圣贤两个群体来看待。老子借助天道的"不仁"就是"大仁"的论点，来告诉统治者和圣贤们，要向天地学习，做到公平对待民众，不能有亲疏之别，因为亲疏之别的背后就是私欲作祟。自古以来，中国有句老话叫"朝中有人好做官"，这句话的背后就隐藏着亲疏之别可能带来的不公正。除非你真是圣贤之辈，那还可以达到"举贤不避亲"的结果。

在中国的宋朝，有一位老百姓特别爱戴的好官叫包拯，人们都尊称他为"包青天"。这个人就是因为铁面无私，不讲远近亲疏而流芳百世的，所谓铁面无私就是圣人不仁的意思，"包青天"就是坚守"王子犯法与庶民同罪"，一心为公才能无私，圣贤保持无私的状态就好像是不讲仁义。

【古为今用】

说话切记"多言必数穷"，做事坚守"遵道必守中"。

本章"多言数穷"的本意是指统治者对老百姓规定的政令越多，老百姓越不知道该如何是好，反而会给老百姓造成困惑。运用到当下我们的人生中，作为一名企业领导者或者是家长，不要给下属或孩子过多条条框框的指示，这样会困住他们主动进行自我思考和自我管理的潜力，会束缚住他们行动的手脚，会阻碍他们自我提升的空间。有很多领导和家长往往会忽视这个"多言数穷"的管理奥妙，大事小情都要亲自指示着他们如何去做。一旦在事情中出现了错误，下属抱怨领导指示不对，孩子埋怨家长教导有误，这样不但让下属或孩子得不到真正的历练，而且无法培养他们的担当精神。

"不如守中"这句话，老子给我们提供了做事的最好方法。老子的本意是指守住大道，让万物按照各自的生灭规律自动运行。应用于我们当下，也可以理解为，在做事情的时候第一要知道自己该做什么，不该做什么；第二就是守住居中之道，做事情不偏不倚，不能左倾也不能右倾，按照主线行走。其实，在某种程度来讲，守中就是守道。

【"和"解本章】

本章关键词：中和之道

时下，如何呵护自己的身心健康是一个重中之重的话题，因为疾病的种类越来越多，患病的人群也越来越大，很多老年病现在也越来越呈年轻化趋势发展，过劳猝死已不是新闻。很多人也开始关注健康养生，但更多的时候人们只是关注了饮食和运动等养身层面，很少关注到情绪和精神的养心层面，养身和养心同步才是真正的养生。养生之道就是要坚守"中和"。中医讲，人的五脏六腑都有各自的官职和使命，各为其主，各归其位，各居正中，各行其道才能保护生命健康。例如，胃部下垂、脊柱弯曲、骨骼凹凸等，就是位置跑偏了，需要调理到扶正居中；而人的疾病与心理的关系密不可分，中医讲患病千百种，原因有三种，一是心理堵了，二是经络堵了，三是血管堵了。就是说我们心理不静、阴阳不平、气血不和是导致生病的本源。所以"中和"才是健康养生的关键。

当然，中医的健康养生之道，博大精深，属于另一个领域，笔者就不

第五章 守中之道

再班门弄斧了。在此，仅借助解读"中和"一词的含义给大家做一个温馨提示而已。

随笔

第六章

天地之根

【古文今诵】

谷神①不死,是谓玄牝②。玄牝之门③,是谓天地根。绵绵④若存,用之不勤⑤。

【古文今译】

①谷神:谷,山谷空虚,容纳一切。神,变化莫测,无所不能。这里老子用谷神来形象地描述道的博大与伟大。

②玄牝:玄,微妙。牝,雌性。老子认为,道就像微妙的母体一样,孕育了天地万物。

③玄牝之门:母亲生育子女的产门。

④绵绵:连绵不断。

⑤不勤:不枯竭、无穷尽。即取之不竭、用之不尽之意。

———

虚谷之神,永恒不灭,这就是玄妙的母性。玄妙母性的产门,是诞生天地的根源。它连绵不绝，好像永存，运用它，其作用无穷无尽。

【古文今解】

谷神：老子在此借"谷神"来比喻"道"。谷，是山谷，象征虚空，比喻道之博大无边，容纳一切；神，有变化莫测、无所不能之意，比喻道具有孕育天地万物的神力。老子在《道德经》中多次运用谷来比喻"道"，第十五章说："敦兮其若朴，旷兮其若谷"；第二十八章说"知其荣，守其辱，为天下谷"；第三十二章说"譬道之在天下，犹川谷之于江海"；第四十一章说"上德若谷，广德若不足"等。

玄牝：玄，微妙之意；牝，雌性、母性之意。老子在此比喻"道"就像是微妙的母体一样，生育万物，故称"玄牝"。牝，在《道德经》中也多次出现，第五十五章说"未知牝牡之合而全作"，第六十一章说"天下之交，天下之牝也"。

在本章中，老子告诉我们的核心思想是天地诞生的本源是"道"，并以玄牝之门的形象比喻，肯定地说出了天地是道孕育而生的。道就像谷神一样，容纳一切，神秘莫测，并赞美了道在被人们运用时永远不会枯竭的伟大性。

下面，我们重点解一解"谷神不死，是谓玄牝"这句话。

"谷神不死，是谓玄牝"。这句话讲的本意是：道具有虚谷的特性，无所不容，无所不包，孕育天地万物且永恒不灭，这就是玄妙的母性，象征着一位慈祥伟大的母亲，孕育满堂儿女，且永续家族的人丁兴旺。

《庄子·知北游》对"道"孕育天地万物的力量进行了形象的描述："惛然若亡而存，油然不形而神，万物畜而不知。此之谓本根，可以观于天矣。"翻译成大白话就是：大道是那么浑沌昧暗仿佛并不存在却又无处不在，生机盛旺、神妙莫测却又不留下具体的形象，万物被它养育却一点也未觉察。这就称作本根，可以用它来观察自然之道了。

　　这里我们要讲一下"虚谷"一词中"虚"字的奥妙和重要性。有一个成语叫"虚怀若谷"，就是从《道德经》的本章中演化而来的。虚怀若谷表述了一个高等智慧的人心胸开阔，能容天下之事，洞悉世间万象。因为"虚空"，所以能往里面填东西。我们经常所说的"虚心使人进步，骄傲使人落后"也是这个意思。你始终能抱着一颗虚心，当然能永远填充新的知识，也就会一直进步。反之，倘若你骄傲自满，满则会溢，所以你自然就会落后了。

下面我们解一解"绵绵若存，用之不勤"这句话。

老子通过"绵绵若存，用之不勤"这句话，重点论述"道"的形态和伟大作用。

"绵绵若存"，就是连绵不绝，好像永远存在。那么，是什么好像永远存在呢？本章开头就说了"谷神不死"。永存的当然指"谷神"，而谷又比喻道。前后连贯着去理解，就是说道永远存在。

"用之不勤"就是说道永远发挥着它变化莫测的伟大作用。这个伟大作用一是指天地因"道"而产生，所以"是谓天地根"；二是因为道孕化了日月星辰、花草树木、山川河流、虫鱼鸟兽等自然万物；三是因为道也孕育了伟大的人类；四是因为道还可以指导着人类进行一切的活动。所以，"道"永远值得人们敬畏。

【古为今用】

向"谷神"学习，做一个虚心的人。

当下的时代，是一个"高人辈出"的时代，"大师""专家""大咖"等遍地都是。似乎诞生一个"大师"比做一道"凉拌黄瓜"都快。不知道是人们太需要"大师"来衬托自己的"平凡"，还是"大师们"太需要平凡的众人来显示自己的"高深"。老子在描述伟大的道时还在用"若存"来谦虚地表达，还在强调"虚怀若谷"。难道当下的有些"大师"，比老子还厉害，比道还要高深吗？好容易有一个比较低调的人，他说"我要让全世界都知道，我很低调……"

我无语了，一是对"高人辈出"的当下无语，二是对那些自称很"低调"的人无语。既然无语，那就不说了，还是让自己继续读读《道德经》吧。"致虚极，守静笃，万物并作，吾以观复，夫物芸芸，各复归其根，归根曰静……"

【"和"解本章】

本章关键词：和"道"握手致谢

老子在本章中说"玄牝之门，是谓天地根"，既然天地都是由道而生，而天父地母又孕育了我们，那自然而然，道是我们共同的母亲。我们原本就是与道一体的，老子从这个层面给出了哲学的第一个大问题，那就是"我们从哪里来？"人的一大重要品格就是不能"忘本"，道孕化了天地，造就了我们，那我们当然要怀着深深的感恩之情"和'道'致谢"，在任何时间，做任何事情都必须坚守"道的教导"，谦虚前行，处下贵柔。

来吧，亲爱的朋友，我们一起感恩大道！

第七章

天长地久

【古文今诵】

天长地久。天地所以能长且久者,以其不自生①,故能长生。是以圣人后其身②而身先③,外其身④而身存⑤。非以其无私邪⑥!故能成其私。

【古文今译】

①不自生:不为自己生存。

②后其身:把自身利益置于身后。

③而身先:反而身处众人之前。

④外其身:将自己的生命置之度外。

⑤而身存:反而保全了自身。

⑥邪:是语气虚词,没有具体意思。

———

天地长久生存。天地能长久生存的原因,是因为它们不为了自己而生存,所以能够长久生存。因此,有道的圣人把自己的利益置身于后,却身处众人前列;将自己的生命置之度外,而自身得到了保全。这不正是因为他无私吗？所以能成就他的自身。

【古文今解】

本章阐述了天地和圣人的"无私"品格，揭示了"无私"的内涵及其巨大的作用。

天长地久，是人们的永恒赞美。老子在本章中告诉了我们，天长地久的奥妙之处在于"不自生"。"不自生"就是不为了自己而生存，概括了天地无私的品格。《庄子·大宗师》中说"天无私覆，地无私载"。意思是天以"无"为私，包罗万象。地以"无"为私，承载万物。庄子的这句话，用于解释天地不自生的品格尤为恰当。

纵观老子《道德经》，你会发现老子对阐道和用道有一个明显的特点，那就是先说天地之道，然后引入人间之道。仅"天地"一词先后在八个章节中均有呈现。在此一一列举出来，以便对天地的理解做一个整体的了知。第一章"无，名天地之始"；第五章"天地不仁，以万物为刍狗"；第六章"玄牝之门，是谓天地根"；本章所讲到的"天长地久"；第二十三章"孰为此者？天地。天地尚不能久，而况于人乎？"；第二十五章"有物混成，先天地生"；第三十二章"天地相合以降甘露"；第三十九章"天得一以清，地得一以宁"。

所以，老子《道德经》的语言很朴实，大道也很简单，都是通过对自然界现象的深入观察和长期体悟总结出来的，这些都很好地体现了《道德经》大道至简、道法自然的特点。我们学习《道德经》不是为了获得更多的知识，而是为了让我们回归常识。

下面，我们重点解一解"后其身而身先，外其身而身存"这句话。

先说说"后其身而身先"。"后其身"，就是说圣人把自身利益置于身后。这是界定圣人的基本标准，也是"无私"品格的基本体现。《庄子·逍遥游》："至人无己，神人无功，圣人无名。"至人、神人、圣人为一体，其光辉的品格当无己、无功、无名。

"身先"就是把自身处于众人之前。正因为圣人把自身的私利置于身后，才能身先士卒，率先垂范，勇往直前。因为勇者无私，无私才能无畏。作为将帅就会在保家卫国中奋不顾身；作为文臣，就会在朝纲混乱时挺身而出；即便是平民百姓也会在民族危亡之际奔赴疆场。正是因为他们"后其身而身先"，民众才尊奉他们为圣人、为英雄。他们的精神永垂不朽、彪炳史册、光照千秋、延续万代。

再说说"外其身而身存"。"外其身"就是把自己的生命置之度外，"身存"是自身保全生存。古人说"无私无畏""勇者无敌"，只有将生命置之度外，才能达到无畏无敌，才能保全自身。对于老子这句话的理解，北宋的范仲淹深有体悟，他说"先天下之忧而忧，后天下之乐而乐"。范仲淹不但在句法上成功地仿照了老子，更在思想上、精神上继承了老子的高深智慧，拓展了老子的思考空间。

特别要强调的是，老子所言"外其身"并非提倡莽撞蛮干而作无谓的牺牲，而是要珍视自己的生命。老子主张的是"贵身"思想（在十三章中说"贵以身为天下，则可寄天下。爱以身为天下，则可托天下"），不是鼓动好战，而是崇尚和平。

下面我们解一解"非以其无私邪！故能成其私"这句话。

对于"非以其无私邪！故能成其私"这句话，直白地翻译就是：这不正是因为他无私吗？所以能成就他的自身。老子这句话历来争议颇多。甚至很多人怀疑老子是一个城府极深的阴谋家，说老子是一个演技很高的虚伪者，他时时处处标榜自己无私，而最后还是为了满足自己的私欲。我不想说歪解圣人老子这句话的人都去面壁思过，我只能说别因为自己思想不纯洁而再去沾染了别人，更何况你歪曲的是圣人老子，那是一种罪过。

　　林语堂先生把本句解读为"这还不是因为圣人遇事无私，故而才能成就圣人的伟大吗？"《阴符经》说"天之至私，用之至公"。对老子的这句"成其私"，当按照"天之至私，用之至公"的理念来领悟。儒家也说"大道之行，天下为公"。一个国家、一个民族、一个社会是由各个不同的个体组成的，各自有"为私"的本性。但道家"天之至私，用之至公"的思想，就可引导众人的行为变"私"为"公"，甚至为大公。因此林语堂先生的解读是符合老子之意的。

第七章 天长地久

【古为今用】
以无私为本,得天地之宽。

人生一世,最难的不是战胜别人,而是能够战胜自己,而战胜自己的关键,就是不让自己的私欲泛滥。私欲过重则会带来三种结果。其一,心中充满私欲的人,就会时时处处以自己为核心,把周围人们的所需抛之脑后。结果周围的人会对他敬而远之,以个人有限的能量实现不了人生愿望,最终一无所得;其二,自私自利的人即便是有所小成,也无法惠及他人,显得个人价值半径极为狭窄。有句话叫做你心中装着全村的人,你就达到了村长的境界;装着全国的人民,你就达到了国之圣贤的境界。你的人生价值范围有多大,取决于你心中装了多少人。正如老子在五十四章所言"修之于乡,其德乃长;修之于邦,其德乃丰;修之于天下,其德乃普";其三,私欲过重之人,不会快乐地生活。因为经常与他人计较利益所得,总会患得患失,搞得自己经常是闷闷不乐,导致自己的天空中大多是阴雨天气,失去了太多和煦阳光的沐浴。

【"和"解本章】

本章关键词:无私天下和

纵向看历史,哪朝哪代的征战杀伐不是因为私欲膨胀引起的?有的是君王私欲膨胀,昏庸乱为,导致被统治者的揭竿起义;有的是朝中的乱臣贼子欲壑难填,篡权夺位,点燃了无情战火的狼烟四起。横向看世界,哪一次世界大战不是因为利益之争而起的?八国联军入侵中国,瓜分土地,抢夺宝物,将圆明园洗劫一空,烧为灰烬。日本军国主义犯我中华,烧杀抢掠，强占我国东北宝藏。这些都是私欲惹的祸。

习近平主席在纪念中国人民抗日战争暨世界反法西斯战争胜利70周年的阅兵大会上说："让我们共同铭记历史所启示的伟大真理：正义必胜！和平必胜！人民必胜！"是的，无论是过去、现在还是将来，因私欲挑起事端的家伙们，最终都会是自取其辱，自找灭亡。习近平主席郑重宣布中国永远珍爱和平，永远不会在世界上称霸。而且中国一直在为世界和平发挥着积极的作用，中国正在惠及更多世界人民的大道上，描绘着"一带一路"的美丽风景。

随笔

第八章

上善若水

【古文今诵】

上善若水①。水善利万物而不争，处众人之所恶②，故几于道③。居善地，心善渊，与善仁，言善信，正善治，事善能，动善时。夫唯不争，故无尤。

【古文今译】

①上善若水：上善，最高的善行。若水，如同水一样。即最高的善行如同水一样。

②处众人之所恶：所恶，所讨厌、厌恶的。这里指水总是处在众人所不愿意处的低洼、卑下之地。

③故几于道：几于道，靠近道、接近道的意思。

———

最高的善行像水一样。水以使万物得利为善而不争利，它处于众人厌恶的卑下之处，所以与道最接近。居处以卑下之地为善，心胸以渊深为善，交往以仁爱为善，言辞以诚信守诺为善，为政以大道治国为善，处事以贡献才能为善，行动以适时而动为善。只有去除了为私而争之心，才能使自己没有什么怨尤。

【古文今解】

　　老子在本章以水为题，赞颂了水中所蕴含的崇高品格，然后，以水为喻，论述了什么是"善"。其实，本章也是通过对善的论述，来进一步表明上一章"天地无私，圣人无私"的思想。尤其是把"圣人无私"而应该具备的胸怀、品格、思想、交往、言词、为政、行事等诸多方面的要则，进行了一一的阐述。从而得出了无争故无尤的结论。

　　下面，我们重点解一解"上善若水"这句话。

　　老子这位朴素的圣人总爱以物阐道，以物言德。这不，他老人家又在以"水"来论"善"。什么是善？这个普通的问题似乎回答起来真不容易。干脆，老子就说，看看水的特点，品品水的奥妙就知道什么是善了。

　　水的品格是什么呢？紧接着，老子说了三点：一是"水善利万物"。因为大自然没有河流山川就没有了山水之美；田地间五谷没有水的滋养就无法获得丰收；绿草红花没有雨露亲沾就失去了大地的多彩；人类没有水的饮用就不能继续生存……所以，水善利万物。二是"不争"。虽然水有利于万物之功，但水却不自恃功高，不争名夺利，永远默默地滋养着自然万物；三是"处众人之所恶"。有句老话叫做"人往高处走，水往低处流"。众人都希望自己位置越来越高，而水却甘愿自居下位。

　　水的这三大可贵品格，正是圣人们应该具有的善心善行。圣人们在立德、立言、立功之初，就要考虑好三个问题。第一是否有利于众人，第二是否能做到有功不争，第三是否能做到谦卑处下。如能达到这些标准，即可称得上是"上善若水"。圣人也就更加接近与道一体了。也就是"故几于道"。

下面我们解一解"居善地，心善渊，与善仁，言善信，正善治，事善能，动善时"的含义。

老子分别从七个方面一一论述了水之善，这也是对圣人提出的七善要义。我们接下来逐一感悟七善之奥。

"居善地"，以居处在卑下之地为善。

就是因为水善于处下，才显示了水的流动之美，或山间的潺潺小溪，或悬崖的道道瀑布，或河谷的川流不息，这些美不胜收的自然之美均来源于水善下的杰作。因为水的善下才显示了水的生命力，它要去奔忙着到下方去"善利万物"，以体现自身的价值。

圣人之谦卑，恰似水的"居处善下"，要谦虚处下，勤奋向上，鞠躬尽瘁。

"心善渊"，即心怀以渊深为善。

水聚成渊，汇集成海，宽广的海面，具有纳百川的心胸，渊深的海水，具有蕴万物的奥妙。孔子观水，有"逝者如斯夫，不舍昼夜"之叹；曹操观沧海，有"日月之行，若出其中，星汉灿烂，若出其里"之感；毛泽东临湘江，有"问苍茫大地，谁主沉浮"之问。

圣人之心胸，应如水之"心善渊"。因此才有了屈原作《天问》，太史公著《史记》，梁启超写《少年中国说》。其中的心胸博大，令人敬佩，鼓舞着人们续写中国辉煌的历史，再现中华灿烂的文明。

"与善仁"，即与人交往以仁爱为善。

"仁"字，在金文中是由上"千"下"心"组成，是一个会意字，寓意心中装有千人方为"仁"。易经坤卦有言曰"地势坤，君子以厚德载物"，彰显了中华民族悠久博大的仁爱之精神。孔子把"仁"作为儒家的核心理论，整部《论语》"仁"字贯穿始终。但老子所言的"仁"是似水之善利万物而不争，是与道相符的"仁"，自然万物和谐共生的"仁"。而儒家所言之"仁",则有"大道废,有仁义"之意,是人世间君、臣、百姓和谐共处的"仁"。

"言善信",即言词以诚信为善。

水之音,水之言,有"随风潜入夜,润物细无声"之静美,有潺潺溪流声,胜似人间乐之幽雅,有奔腾如雷声,滔滔不绝耳之豪壮。不论水的说话声音大小,它都坚守承诺,说到做到。沙沙作响时它一定在滋润万物,奔腾不息时它一定在造就壮美,就算是汇入一望无际的大海,它也在用行动告诉我们,自己是沧海一粟,就平静地淡然而安吧。

圣人之言,更应言而有信。君子应坚守"一言既出,驷马难追",君王应明白,"失信于民,必将失去天下"。

"正善治",即为政治国,以道为善。

关于"正善治"这句话,很多解读《道德经》的老师,不一而同,各有己见。有的解读为"为政要精简管理",有的解读为"为政以大治为善"。我更倾向于自己的体悟"为政治国,以道为善"。因为"道"具有自然而然的特性。为政治国,以道为善可以在不需要政令繁苛的前提下,达到统治者与老百姓各自安然、和谐天下的景象。这种太平盛世的景象老子在五十七章有明确的描述:"以正治国……以无事取天下……我无为,而民自化;我好静,而民自正;我无事,而民自富;我无欲,而民自朴"。其实在解读《道德经》中,用以经解经的方式更能够贴近主旨要义,因为我们是用老子的话解读老子的话。有时以前解后,有时候以后解前。

"事善能",即行事要以贡献才能为善。

水有水的能力,巨大无比。既有古人所云"水能载舟,亦能覆舟"之力;也有"水滴石穿"之功;更有浩浩荡荡,奔向大海,势不可挡之势;同时,水也能灌溉庄稼,涤荡污垢,溶解万物。

圣人行事，当以水的"事善能"为楷模，于国于民都要善于贡献自己全部的才能和热情，在自己的角色中尽心尽力，尽职尽责，尽善尽美。不计得失，发挥智慧，为民谋利，为己不留遗憾。

"动善时"，即行事以适时而动。

水会遵时而动，比如春天来了，冰雪消融，春水缓缓流淌。春雨潇潇，万物萌生，生机盎然；水会以势而动，遇到高处绕着走，逢到低处就奔流，最终总能实现自己归于大海的目标。

圣人行事，须学习水的"动善时"智慧，审时度势，把握机遇，在恰当的时候做恰当的事情。不具备天时之际，就积蓄能量，以备时机到来全力而动。时机成熟时，就放开一切直奔目标。《三十六计》总纲中说："六六三十六，数中有术，术中有数。机不可失，失则不中。"明朝宰相张居正说得好："审度时宜，虑定而动，天下无不可为之事。"

【古为今用】
践行"事善能"，今生不虚行。

要想做到"事善能"，必须是理论与实践完美结合。"事善能"包括两个层面，一个是让自己做到"事善能"。这就要正确地评估自己现有能力和未来潜力，认真地盘点当前的资源和未来的资源，同时还要清楚地知道自己遇到困难时的抗压能力和得到赞许时的抗表扬能力。另一个层面是如何引导他人达到"事善能"。如果你是一名领导者或者是一位家长，你还要想方设法让每一个团队的成员或孩子做到"事善能"。帮助他们分析各自身上的能力和缺陷，找出他们身上最长的那块板，最亮的闪光点。特别要注意的是，引导他们的优点得到最大的发挥，比盯住他们的缺点不放，要有价值得多；注重他们自我能动性的培养，比刻板教条的管理，意义要大得多。那套木桶原理的短板理论，我一直以来是不敢苟同的。

自己学会"事善能"，你将是一个优秀的个人，让团队学会"事善能"，你就打造了一支卓越的团队。

【"和"解本章】

本章关键词：和善相随

我们常说：勿以善小而不为，莫以恶小而为之。行善无小事，关键要从自我做起，从当下做起，并永远坚持下去。如果每个人都发善愿、行善事，这个国家就是一个正能量的集合体，这个社会就是一个温暖的大家庭。人之行善，福未至祸已远离，人之作恶，祸未到福已远离。

让我们手挽手，在道的指引下向善出发！

第九章

功遂身退

【古文今诵】

持①而盈②之,不如其已③。揣④而锐之,不可长保。金玉满堂,莫之能守。富贵而骄,自遗其咎。功遂⑤身退,天之道也。

【古文今译】

①持:用手紧紧握住。

②盈:满、多。

③已:停止。

④揣(也读 zhuī):打磨铁器或武器,使之变得更加尖锐、锋利。

⑤功遂:遂,如愿、事成之意。功遂,功成事遂。

————

手持盈满,不如让自己适可而止;捶打铁器使之变得非常锋利,不能长时间保存;金玉满堂,没有人能长久守住;富贵以致骄横,会自己招致灾祸;功成则不宜再身居显位,而应适时隐退,这是天地自然的规律。

【古文今解】

老子在本章主要论述了在利益面前适可而止、不可贪名图利、不可争功夺利的道理，也是对上一章"善利万物而不争"思想的进一步描述。

老子在本章中用四种客观现象反复告诉我们"知止"和"不争"的真理。因为老子深深地明白"盈则易亏、锐易则脆、满则易缺、富则易骄"。功成之后，应主动适时而退，不可贪恋光环的照耀，这是天道规律。

下面，我们重点解一解"金玉满堂，莫之能守"这句话。

其实，持而盈之，不如其已；揣而锐之，不可长保；金玉满堂，莫之能守。这三句话，老子都是在表达一个核心思想：就是"知止，不争"。

所以，我们就仅重点解读一下"金玉满堂，莫之能守"。金玉满堂是人们对拥有更多财富的向往。没有金玉满堂时，人们希望获得，有了金玉满堂，人们又希望永远把持。这是贪得无厌的使然，是内心私欲在作祟。老子用"持而盈之，不如其已"这句话告诉人们，与其想获得更多财富，不如自己主动知止（已，是知止的意思）；老子用"金玉满堂，莫之能守"这句话告诉人们，即便是财富再多也无法长久保持。

福布斯富豪榜上的人名是经常变化的，没有哪一个人可以持续地呆在上面；股票的涨跌曲线图是一直在波动的，今天赚到的数字也许是你明天亏损的数字。中国有句老话："富不过三代"。这是从孟子"君子之泽，五世而斩"演变而来的。完整的表达是"道德传家，十代以上，耕读传家次之，诗书传家又次之，富贵传家，不过三代"。当然，富不过三代也不是绝对的，但却表明了财富是不能长久持守的问题。

所以对待财富还是要淡然处之，人本来就是赤条条来到世间，终归还要两手空空而去。唯一能够留下来的也许只有精神财富，就如同圣人老子给我们留下了伟大的世界名著《道德经》,让道家文化的熠熠光辉闪烁了几千年,而且会持续照耀人类的未来。

接下来我们再重点解一解"富贵而骄,自遗其咎"这句话。

富贵,当指财富多、地位高。这貌似理想的人生状态却严峻地考验着你的智慧。驾驭财富和权力的能力是一个别人无法教,只能自己悟的特殊能力,只有一个老师可以对你加以引导,这个老师就是自己的"心"。

不论是过去的历史上,还是当下的社会中,因富而骄返贫,因富而骄招祸的人和事比比皆是。历史上的暴君商纣王在位初期,是个有能力、有作为的君主。他进行了一系列的改革,促进了经济的发展,加强了军事力量,统一了东南等。但是晚年却"富贵而骄",荒淫无度,残暴不仁,不理朝政,懈怠江山,有负社稷。最后的下场是亡国亡身、臭名昭著,真可谓"自遗其咎"。

时下有一些是"因拆而富"的群体，因为赶上了房地产疯狂的时代，因昔日祖上留下的陈宅旧院被拆，而成了一夜暴富的主儿。时有听说，在这样的群体中出现了"赌神"，出现了骄奢淫逸等，人生开始堕落，甚至最后因"富贵而骄"返贫。对了，这些人还称不上是"富贵而骄"，只能说是富而骄，因为他们只富不贵。"贵"有三种含义，一是名门望族有权位，二是饱览诗书有底蕴，三是行善施舍济弱贫。他们只属于"有钱乱任性，忘根又失本"的阶段性富人。

还有一些"只富不贵"的主儿，在正能量的社会中制造着不和谐的音符，有的倚仗权势做出了很多伤天害理的事情，然后又倚仗钱势去摆平。在他们眼中"权钱就是道，没有钱权走不通的路"。殊不知自己的逆道行为，必将受到天道的惩罚。

做一个富贵而不骄的人吧，这才是人间正道，若财富有余，则去扶弱济贫（老子在七十七章中告诉我们"天之道，损有余而补不足"），做一些和"水"一样善利万物的事情，才能长久矣。

【古为今用】

（一）"功遂"体现能力，"身退"方显智慧。

当下的很多人像着魔似的追求成功，历经千辛万苦，好不容易获得了成功，正准备好好享受成功带来的喜悦，好好饱尝成功带来的果实，可是，此刻老子又劝你要懂得"身退"！你在想着，哪能说退就退呢？如果你感到郁闷，感到不可理解，不愿意身退，此时，老子又告诉你了，这是"天之道"。估计，此刻你就一脸茫然了！别急，让我们听听老子让你"身退"的原因和智慧到底在哪里。

古人有云："日中则移，月满则亏，物盛则衰，天地之常数也。进退盈缩，与时变化，圣人之常道也。"这正是对老子"功遂身退，天之道"的最好注解。一个人达到了功遂就是功成，现代人喜欢把这个词反过来叫成功，其实功成与成功是和努力分不开的，固然值得为其祝贺。但是老子强调的是功成名就之后的"身退"，这才能显示出一个人的智慧和勇气。

历史上有很多功成名就身不退的人物，最后都落下一个遗憾的结局。如韩信，他是汉初第一功臣。他功高盖主，已犯大忌。他又居功自傲，高高在上，不把大臣曹参、灌婴、樊哙等放在眼里，以致招来大臣们的强烈不满，终于被当初在患难中举荐提拔他的萧何设计，在大钟内用竹片将其杀死。这就是"成也萧何，败也萧何"。与之相反的张良就按照天道而行，选择了"功遂身退"，得到了保全。

另外，老子所言"功遂"，就是首先要按照大道的指引为国为民建立功勋（这一点，也再次证明了，老子所说的无为并非是不去作为）。"身退"是在功遂之后，不去争权夺利，不去贪恋荣光，就是践行上一章"水善利万物而不争"的高尚品格。这与老子在第七章所言："天地所能长且久者，以其不自生，故能长生"；是以圣人"后其身而身先，外其身而身存"的思想合二为一了。

（二）成功没有标准，快乐自己把握。

很多人都在追求远方的成功，把当下的自己累得疲惫不堪，想想真是得不偿失。因为成功本身就没有绝对的标准，成功只能是每个人对当下人生质量高低的一种衡量状态。比如，现在的你如果正在饶有兴致地看着《和道同行》，从某种层面来讲，你就是成功的。第一，你成功地具备了认字看书的能力；第二，你成功地拥有了一个看书的心境（因为，很多人忙得根本顾不上看书）。所以，当下的你就应该是快乐的。还不赶快偷偷地乐一个吗？

【"和"解本章】

本章关键词：和你说说"功成"与"成功"

"功遂"就是功成，古代对做一件事情达到了目标，叫"功成"；而现代人喜欢反过来叫"成功"。殊不知"功成"与"成功"却有着天壤之别。

功成强调，做任何事情只有"功"下到位了，自然而然就"成"了。这就是"只要功夫深，铁杵磨成针"的道理。而现在呢！事情还没有"成"呢，就开始显摆"功"了。为什么提前"庆功"呢？有些时候是为了营造一个噱头，给外界呈现一种"成功"的假象，以此来诱使更多人成为自己的"粉丝"和追随者。另外就是因为着急呀，天天盼望着成功，夜夜念叨着成功，急功近利的迫切之心难熬呀。结果，最后离真正成功就差一步之遥时，因为自己提前放松了对"功到自然成"的深刻领悟，导致了"功亏一篑"的后果。

其实，老子在六十四章中已经对世人提出了警示："民之从事，常于几成而败之。慎终如始，则无败事。"所以，只有在通往成功的路上脚踏实地地走好每一步，杜绝了急功近利之心，把功夫不折不扣地下到位了，才能获得最终的成功。

第九章 功遂身退

随笔

第十章

明白四达

【古文今诵】

载营魄抱一①,能无离乎?专气致柔,能婴儿乎?涤除玄览②,能无疵③乎?爱民治国,能无知乎?天门开阖④,能为雌⑤乎?明白四达,能无为乎?生之畜之,生而不有,为而不恃,长而不宰,是谓玄德⑥。

【古文今译】

①载营魄抱一:载,指用身体承载。营魄,魂魄、灵魂、精神。抱一,合二为一,坚守大道之意。

②涤除玄览:涤,洗净;除,除去、清除。玄览:玄,幽深微妙;览,通"鉴"字,镜子的意思。涤除玄览,就是让心照一照镜子。

③疵:瑕疵、缺点、不足。

④天门开阖:解读《道德经》的大家名师对天门的释义各有千秋。《辞海》把天门解释为"道家用语,指心的意思"。天门开阖,指人内心思想的活动。

⑤雌：这里泛指母爱的柔慈与包容。
⑥玄德：深远广大、至高无上的德。

———

形体和精神合一，能不分离吗？聚结元气以致柔和顺畅，能像婴儿的无欲状态吗？清除杂念而深入观察心灵，能没有瑕疵吗？爱民治国能遵行自然无为的规律吗？对待世间万物内心思想的运动变化时，能持守住母性的慈爱吗？明白四达，能达到依道而为、知行合一吗？让万事万物生长繁殖，产生万物、养育万物而不占为己有，作万物之长而不主宰他们，这就叫做"玄德"。

【古文今解】

老子在本章主要论述了"修身、修心、修性"之道。连续用了"能无离乎？能如婴儿乎？能无疵乎？能无为乎？能为雌乎？能无知乎？"六句追问，来提示每一个人做出内心的判断。如果能做出肯定的回答，那就达到了修身养性的高等境界，达到了"玄德"之美，让自己身心与大道相融了。自然就能做到像道一样，让万事万物自由生长繁殖，生养万物而不占为己有，作为万物之长而不主宰他们。

接下来，我们先解读一下，老子提出的六个问题。

载营魄抱一，能无离乎（一问）？这句话的意思是，一个人能够永远达到精神与形体的合一吗？就是现在说的"身心合一"之意。这是大家都渴望达到的境界。

专气致柔，能如婴儿乎（二问）？这句话的意思是，专注于自己的元气，使其达到最佳状态，能够像婴儿的呼吸一样平静柔和吗？老子认为使元气专一，目的是为了达到"柔"的境界。柔，外表看着不堪一击，其内在蕴含着无比强大的生命力。就像打太极拳一样，以柔克刚，无人能敌。纵观《道德经》全书，你会感到老子强烈的"贵柔"思想。老子说"天下之至柔，驰骋天下之至坚。"（见四十三章）；"人之生也柔弱，其死也坚强。草木之生也柔脆，其死也枯槁。"（见七十六章）；"天下莫柔弱于水，而攻坚强者莫之能胜，柔之胜刚，弱之胜强"（见七十八章）。老子总体认为"柔弱者生之徒，坚强者死之徒，强大处下，柔弱处上"。在这里，特别要强调一下，老子所言的柔弱，不是指人的懦弱和软弱之意。

涤除玄览，能无疵乎（三问）？这句话的意思是，洗涤清除内心的杂念，深入观察自己的心灵，给心照一照镜子，仔细看一看，能达到没有任何瑕疵吗？儒家重视"内省"。曾子曰"吾日三省吾身"。佛家以面壁静坐，思过见性。基督教以忏悔洗礼，心向耶稣。老子的"涤除玄览"更为直观和彻底，每个人都可以随时践行。就像国家对共产党员在保持纯洁性上提出的要求，要经常"照照镜子，正正衣冠"一样，时刻保持内心的纯洁性。

很多时候，人们就是欲望太强，杂念太多，导致心神不宁，沉浮不定。其实，你的内心有多纯净，天空就有多湛蓝。如果内心浑浊不堪，永远都会生活在雾霾的世界里。

爱民治国，能无知乎（四问）？这句话的意思是，当政者爱护百姓、治理国家，能够做到无为而治吗？老子把"爱民"放在了"治国"的前面，强调了"爱民"是"治国"之本，治国的一切政令都要贯彻"爱民"的宗旨。习近平总书记在党的十九大会议上强调：不忘初心，方得始终。中国共产党人的初心和使命，就是为中国人民谋幸福，为中华民族谋复兴。这个初心和使命是激励中国共产党人不断前进的根本动力。全党同志一定要永远与人民同呼吸、共命运、心连心，永远把人民对美好生活的向往作为奋斗目标，以永不懈怠的精神状态和一往无前的奋斗姿态，继续朝着实现中华民族伟大复兴的宏伟目标奋勇前进。这就是对"爱民治国，能无知乎"的最好解读。（无知，"知"通"智"，这里指智巧的意思）就是说，统治者在治理江山社稷时，不应使用智巧权术，要以道而为，按照老百姓的愿望而为，始终为人民的幸福而为，而不在百姓身上强加当政者的个人私欲。

天门开阖，能为雌乎（五问）？解读《道德经》的各家各派，对"天门"的解释众说纷纭。我倾向于《辞海》对"天门"的解释："道家语，指心。天门开合指心的运动。"就是指人们的思想活动。"天门开阖，能为雌乎"的意思是，内心思想的运动变化，能持守住母性的慈爱吗？老子在这里告诉我们，对任何问题的思考、判断以及采取的行动，都要具有母性的慈爱与包容，都要具有怀抱整个世界的爱，整个宇宙的爱，也就是《周易·坤卦》说的"厚德载物"之意。

明白四达，能无为乎（六问）？"明白四达"的意思是，心领神会，心如日月，理性智慧的光辉照达四方，对于万物之奥秘、宇宙之玄妙，都清楚明白，达到了无迷无惑、无所不知的境界。老子强调的关键是后半句的"能无为乎？"有的专家学者把无为解释为"什么都不做"。历代也有类似的解释，让圣人老子几千年来蒙受了不白之冤。王安石在《答司马谏议书》中严正指出："如曰今日一切不事事，守前所为而已，则非某之所敢知。"义正辞严地批评了那些把"无为"说成"一切不事事"的人们。

老子通过"明白四达，能无为乎"这句话想表明的观点是，既然你已经心如日月，慧照四方，了悟了万物之奥秘、宇宙之玄妙，达到了无迷无惑、无所不知的境界。那你就应该知行合一，以道而为，将自己的理想抱负与道相融、与天地相融，与人类的命运相融。不能去做"背道而驰"的事情。

接下来，我们再解读一下"生之畜之，生而不有，为而不恃，长而不宰，是谓玄德"。

这句话再次表述了道的伟大和特点，大道使万物生长繁衍，生成了万物，道也不会占有其中的任何一物；养育了万物，道也不会自恃功高；作为万物的首长，道也不去主宰它们。老子告诉我们，如果你达到了上述六个问题的修行结果，自身就具备了与道合一的玄德之品格了。

【古为今用】

身心合一，别把灵魂丢下了。

反复研读"载营魄抱一，能无离乎"这句话，越发觉得老子的伟大。经过2500多年的时光隧道，老子给当下的人们送来了一个启智生慧的灵丹妙药，让当下的人们醍醐灌顶、豁然开朗。你敢回答老子的提问吗？能否斩钉截铁地说自己的身体和灵魂从来就没有分离过吗？也许我们的回答刚好相反，我们的身体和灵魂经常就没有在一起。我们太需要两者合二为一了。

平静地想一想，其实，如果说一个人的灵魂不在现场，那么再华丽的晚会也索然无味，再美丽的风景也难以入心，再庄严的仪式也如同走过场，再热闹的繁华也与己无关。这就像旅游，身体到了景点，心却没有在；也如同无奈的应酬，美酒佳肴满桌，你却在念着家人熬的暖心粥。所以我们更需要的是身心同步，千万别把自己的灵魂落下了。不要因为奔跑得太快，忘记了出发时的初心；更不要只是利用自己的身体，却忘记了享受自己的生命。

第十章 明白四达

【"和"解本章】

本章关键词：气和身康

我们知道，养生贵在养心，养心贵在养气，养气贵在柔和。贵在调理呼与吸之间均匀而柔和的频率。所以，静坐的时候，我们需要眼观鼻、鼻观心、用心去感受自己呼气与吸气的柔和。而婴儿的呼吸状态就是最柔和、最平静、最均匀、最顺畅的状态。人体的气必须柔和通畅才能身心健康。

中医认为，人身体的疾病，大都是因为"气滞血瘀"造成的，通常我们感到身体某些部位的疼痛，就是"气血不通"的表现。"疼则不通、通则不疼"。《黄帝内经》云"怒则气上、惊则气乱、喜则气缓、悲则气结、劳则气耗"。

所以一个人要想达到"气和"，首先应做到"心平"。不以物喜，不以己悲，得宠不惊，失宠不辱，才能达到心如止水的状态。老子让我们向婴儿学习，学习婴儿的柔和，更要学习婴儿内心的纯净。

随笔

第十一章

有无相益

【古文今诵】

三十辐共一毂，当其无，有车之用。埏埴①以为器，当其无，有器之用。凿户牖②以为室，当其无，有室之用。故有之以为利，无之以为用。

【古文今译】

①埏埴：制作陶器的意思。埏，搅和、糅合。埴，黏土。
②户牖：门窗的意思。户为门。牖为窗。

———

三十根辐条汇集到一个车毂上，当车毂中有了空无的地方，才有了车的滚动向前作用。糅合陶土制作器皿，当有了器皿中空无的地方，才有了器皿盛放东西的作用。建造房屋凿门开窗，当有了房屋中空无的地方，才有了房屋居住生活的作用。因此，有了"有"，才能借助它的基础条件来加工利用；有了"无"，才能凭借它产生最终的功能价值。

第十一章 有无相益

【古文今解】

本章阐述了有和无之间的相互关系和作用，进一步让人感悟"无"之大用，感悟"无为而无不为"之要妙。

老子对道的论述，总是喜欢用众人易懂的语言或列举生活中的事物为基础，体现出语言的朴实，体现出大道至简。本章中老子用"车轱辘""陶器""房屋"来形象地说明"有无相互依存，相互补充，互为有益"的道理，让人透过有形的事物，体悟事物背后的价值，从而达到由感性认识升华到理性认识，从形而下学升华到形而上学。

关于"有"和"无"，老子在《道德经》中多次进行了深刻论述。它们都是道的不同呈现方式。也是老子论道的核心基础，"有"是道的显性部分，"无"是道的隐性部分。"有"和"无"就是一阴一阳相互作用的关系。老子在第一章开篇就说"无，名天地之始；有，名万物之母。故常无，欲以观其妙；常有，欲以观其徼"；第二章说到"有无相生"；第三十八章说到"上德不德，是以有德；下德不失德，是以无德"；第四十章说到"天下万物生于有，有生于无"；第四十三章说到"无有入无间。吾是以知无为之有益"；第四十六章说到"天下有道，却走马以粪，天下无道，戎马生于郊"；第四十八章说到"取天下常以无事，及其有事，不足以取天下"等。

老子在本章中，耐心地告诉我们：车毂中有了空无的地方，才有了滚动向前的作用；器皿中有了空无的地方，才有了盛放东西的作用；房屋有了空无的地方，才有了居住生活的作用。因此，"有"是基础条件，"无"，才能产生最终的功能价值。

其实，从科学的角度来讲，我们探究天地万物是怎么生成的，又是怎么消亡的；从人生的角度看，我们来源于自然，也回归自然；从医学的角度讲，疾病是怎么得的，又该如何把病去掉等。这一切都是人们不断认识有无的逻辑规律，利用有无的互存价值。把握好有无之间的平衡，运用好有无之间的转化，是人类永远的追求。

【古为今用】

生活中离不开"有"，生命中离不开"无"。

柴米油盐酱醋茶，衣食住行吃穿用，这是每一个人都离不开的，必须要有的生存条件。为此，人生便有了学习和工作的基本动力。但是，这些有形的物质是为了人们实现"无"而提供的基础支撑。生命中人们需要的是对"无"的追寻和感受。这"无"包括了精神的丰足，灵魂的自由，理想与信念，内心的价值观等。当你置身于鸟语花香的山林中，你会感到心情无比的美好；当你聆听着余音绕梁的悦耳之声，你会感觉到生命的无比惬意；当你看到窗外的雨滴飘落，你会感受到时光的无比安静；当你读到一本恰如心声的书籍，你会感受到文字背后的无限魅力；当你仰望星光璀璨的夜空，你会思索宇宙的浩瀚博大。

所以，我们应该明白一点，所有的物质创造都是为享受生命而服务的，千万不要本末倒置了。另外还要强调的是，并不是我们拥有了一切物质之后，才能去享受生命，而是我们在获得物质条件的过程中就渗透着生命的享受，同时在享受生命中又创造着前者。这样才能实现老子所说的"有之以为利，无之以为用"的同步。

从"无"中发现"市场"，从"有"中抓住"机遇"。

商业的逻辑是发现需求和满足需求的过程，所以一切的有形商品和服务都是从无中产生的。

人们最先产生的需要，是内心的需要，这个阶段就是"无"，而成功的商业骄子，正是洞察了"无"背后的巨大空间，看准了市场的机遇，才开始创造出"有"形的产品，来满足人们的需要。例如，你此刻的内心需求是肚子饿了想吃饭，但是你因为懒得动或事务繁忙没有时间做饭，那么美团外卖等此类的商业形态就诞生了，想买衣服又没有时间逛街，那么淘宝等商业形态便应运而生了。

当下，很多创业者或守业者，都感觉到企业发展越来越难了，市场竞争越来越激烈了，团队管理越来越棘手了，产品同质化越来越严重了。如何突出重围，迈入一片蓝海呢？我的建议是，跳出现有的包围圈，俯视一下当下的市场局势，走进消费者的内心世界看一看，好好思考一下"无中生有"这句话吧，也许能给您带来一些新的启发。

【"和"解本章】

本章关键词：和"无"相见

看不见的东西，不是因为它不存在，而是因为你看的方式不对。你不能只用肉眼去使劲地观察，那是徒劳无功的，要学会用心去体悟。然后，你会清楚地知道自己为什么快乐，为什么郁闷；然后你会知道，什么叫思维一变天地宽；然后你会有一种恍然大悟的感觉。你会惊喜地发现，原来，静下心来思考一些看似"无用"的事情，居然是这么的"有用"。

别只盯着现有的东西，因为它会挡住你望向远方的视线，另外，盯的时间太久，会眼疼的。世界那么大，你想去看看，"无"的背后更精彩，难道你不想去逛逛？

来吧，咱们一起出发。

随笔

第十二章

持本守真

【古文今诵】

五色①令人目盲;五音②令人耳聋;五味③令人口爽④;驰骋畋猎,令人心发狂;难得之货,令人行妨。是以圣人为腹不为目,故去彼取此。

【古文今译】

①五色:原指红、黄、青、白、黑五种颜色,这里泛指绚丽多彩的意思。
②五音:原指宫、商、角、徵、羽五个音阶,这里泛指太多的声音交汇。
③五味:原指酸、甜、苦、辣、咸五种口味,这里泛指太多的美味佳肴。
④口爽:口舌失去辨味的能力。

———

太多绚丽多彩的颜色,会令人眼花缭乱,丧失眼睛的辨别能力;太多声音交织在一起,会令人耳不辨音,丧失耳朵的听辨能力;太多口味的美味佳肴,会令人的舌不识味,丧失口的辨味能力;纵情于骑马围猎活动,会令人神志狂乱,失去原本的理智;过于追求奇珍异宝,会让人做出失德之举。因此,圣人更看重温饱安乐的简朴生活,而不去纵情声色。

【古文今解】

老子在上一章论述了"有"和"无"之间相依、相融、相益的关系和妙用。本章则侧重阐述，如果人一旦脱离了"无"，即背离了大道，而只沉迷于"五色""五音""五味""畋猎""难得之货"等"有"的纵情享受，就会让人忘记本、失去真，导致人们做出各种各样的失德之举，最终会造成害人害己的结果。所以，人们应该向圣人学习，学习圣人与道一体的人生智慧，学习圣人简单朴素的生活方式。

老子继续采用人们喜欢和通俗易懂的语言，通过列举生活中过度奢靡的不正之风，用反面教材告诫世人：五色令人目盲；五音令人耳聋；五味令人口爽；驰骋畋猎，令人心发狂；难得之货，令人行妨。

老子在本章中所劝告的对象，更多的是指当时的统治阶级或达官显贵们，因为他们才是具有纵享五色、五音、五味、畋猎的重要群体，普通百姓是很难具备享受这些条件的。

【古为今用】

淡"五欲"持本守真，修身心大道至简。

在改革开放40年大潮中，先后出现了下海潮、打工潮、出国潮。下海潮让很多有胆识的人丢下了铁饭碗，融入了多姿多彩的世界；打工潮让不甘心固守两亩农田的人们走进了高楼大厦之间；出国潮让许多有梦有识的青年才俊耕耘在海外的广阔天地。下海群体中有的人事业有成；打工一族中有的人发家致富；海外骄子里有的人梦想成真。我们应该为那些为改变个人命运奋力拼搏的人们加油；更应该为那些市场的弄潮儿带来的经济振兴而喝彩；还要为海外骄子荣归故里举杯相庆。

第十二章 持本守真

但是随之而来的还有一群人,他们也选择了上述的几种人生道路,然而结果却大相径庭。有的下海者,创业有成后纸醉金迷,挥霍无度,三观倾斜,导致最终的人生一败涂地;有的打工者,感受了城市的繁华后忘本失根,被霓虹璀璨、高楼大厦、山珍海味彻底征服,把故乡的田野和亲人(有的包括爱人)都抛之脑后,过上了"外富内贫"的生活;有的出国归来的"有识之士",带着海归的帽子,大谈国外奇好无比,抱怨祖国一无是处;还有的感慨外面的世界很精彩,外面的世界更无奈。

纵观上述人生成功与失败的对比,分析人生价值观的悄悄变形,大多的最终失败者,其实都是过度贪享五色、五音、五味惹的祸。导致自己得意时"忘形",成功后"变形"。

由此,我想到了一位值得为其双手点赞的新时代好青年,他就是2016感动中国十大人物获奖者,最美的村官秦玥飞。他耶鲁大学毕业选择回到祖国农村服务，至今已是第六个年头。2011年，秦玥飞到衡山县贺家乡任大学生村官，为当地改善水利灌溉系统、硬化道路、安装路灯、修建现代化敬老院，为乡村师生配备平板电脑开展信息化教学……2013年他被评为央视"最美村官"，立个人一等功一次。2014年服务期满，秦玥飞认为"输血"并非是可持续的乡村发展模式，毅然决然地放弃提拔机会，转至白云村续任大学生村官，用"造血"建设美丽幸福的乡村。他带领村民创办农民专业合作社，发展山茶油产业，通过创业创新带领当地乡亲走向幸福生活，得到了乡亲们的广泛赞誉。

秦玥飞用实际行动诠释了去"五欲"持本守真，修身心大道至简的人生境界。笔者，感动于他的这种精神，曾以自己手中的拙笔写下了下面一段话，以表达对秦玥飞的敬意。

带着求学的初心

他走出农村

求知若渴

他日日思进

带着真心

他又牵手乡邻

作别耶鲁大学的风采

在桑梓扎根

海外归来不恋霓虹

青年才俊回乡报恩

情系千家万户

志在父老乡亲

小村官，公仆魂

大文章写在小农村

时代奏响大美歌

秦玥飞当属领唱人

【"和"解本章】

本章关键词：与欲望和解

一个人要想获得生活中的幸福和心灵中的自由，只有两种情况可以实现。第一，你是一个大彻大悟的人；第二，你是一个没心没肺的人。大彻大悟的人，用心透视了世间的一切，完全懂得了权、名、利不应该纠缠于你的生命，能把欲望自然放下。没心没肺的人，简单得如同傻瓜天使，根本不在意权、名、利。

为什么当下的大多数人幸福感普遍不高，活得都不够轻松自然呢？因为大多数人都介于上述两种情况之间。修行既没有达到大彻大悟，而且又都属于聪明人，内心的欲望总是闹腾不停，蠢蠢欲动。欲望是弹簧，你弱它就强。当你控制不了自己欲望的时候，欲望是你的主人，你被欲望操控着走；当你能节制自己欲望的时候，你是欲望的主人，欲望听从你的安排。人一点欲望都没有是不可能的，最起码人都有求生的欲望，都有生命本能的前进动力。但是欲望太强了很可怕，一是容易造就更多"心比天高，命比纸薄"的人生遗憾；二是容易让人走火入魔、忘本失根。

与自己的欲望和解吧，这好像是唯一一个让自己能获得更多幸福的可行性方案。这个方案由你来定，由你来执行，由你来受益。

随笔

第十三章

宠辱不惊

【古文今诵】

宠辱若惊①,贵大患若身②。何谓宠辱若惊?宠,为下,得之若惊,失之若惊,是谓宠辱若惊。何谓贵大患若身?吾所以有大患者,为吾有身,及吾无身,吾有何患?故贵以身为天下③,若可寄天下;爱以身为天下④,若可托天下。

【古文今译】

①宠辱若惊:得宠和受辱像受到惊吓一样。
②贵大患若身:重视祸患如同重视自己的身体。
③贵以身为天下:重视天下苍生的福祉,如同重视自己的身体一样。
④爱以身为天下:爱护百姓如同爱护自己的身体一样。

得到宠爱和受到屈辱都好像受到惊恐一样,把荣辱这样的事情看得与自身生命一样珍贵。什么叫做得宠和受辱都感到惊慌失措?得宠是卑下的,得到宠爱感到格外惊喜,失去宠爱则令人惊慌不安。这就叫做得宠和受辱

都感到惊恐。什么叫做重视大患像重视自身生命一样？我之所以有大患，是因为我心中有自身；如果我自身与道相融，我还会有什么祸患呢？所以，以把自己的身体奉献给天下为崇高使命的人，就可以把天下寄托给他；以把自身奉献给天下为大爱的人，才可以把天下托付给他。

【古文今解】

本章老子重点论述了贵生命、轻荣辱的思想。进而扩展到了以贵生的大爱之心去治理天下的崇高价值观。

老子描述了人生中普遍存在的两种现象："宠辱若惊"和"贵大患若身"。大多数人，在得宠的时候会格外欣喜，受到屈辱的时候会极度颓废。而老子认为，这种在得宠与失宠时就像受到惊吓一样的现象是反常的，是不可取的，是不应该的。人之所以这样，是人们太看重名誉、权力、地位等身外之物了，这也是人们追求虚荣的表现。接着老子又谈到，人们对待个人灾祸的重视程度，就像是对待自己的身体一样，也是一种反常行为，同样是因为人们对祸患、对得失、对成败看得太重了。

在宠辱得失与贵大患面前，老子提出了"贵身""爱身"的观点，老子认为，那些身外之物，根本不能与自己珍贵的生命相提并论。人们应该理智地、平淡地、坦然地去面对荣辱与灾祸。然而，在老子眼中与这最宝贵的生命相比，唯一可以看作同等重要的就是与道在一起，以爱护天下众生如同爱护自己的身体一样。老子在本章最后提出了"贵以身为天下，若可寄天下；爱以身为天下，若可托天下"的博大情怀。为国君治理天下指明了方向。

让历史告诉我们"宠辱若惊"的大道智慧。

《儒林外史》中范进中举的故事可以说是家喻户晓，发生在范进身上的故事，就是受宠太惊的实例。

范进看了一遍成绩榜，自己把两手拍了一下，笑了一声，道："噫！好了！我中了！"说着，往后一脚跌倒，牙关咬紧，不省人事。有人慌将几口开水灌了过来。他爬将起来，又拍着手大笑道："噫！好！我中了！"笑着，不由分说，就往门外飞跑，把报录人和邻居吓了一跳。走出大门不多路，一脚踩在塘里，挣起来，头发都跌散了，两手黄泥，淋淋漓漓一身的水。众人拉他不住，拍着笑着，一直走到集上去了。众人大眼望小眼，一齐道："原来新贵人欢喜疯了。"最后，还是范进的老丈人胡屠夫的一个大巴掌打醒了他，让范进又重回自我的状态。

唐太宗时期，有个叫卢承庆的人，为官清廉，宠辱不惊，做事认真。他是考工员外郎，这是隶属于吏部的官职，主要负责考察官员品德与政绩。当时，考察官员有级别标准，先大体分成上中下，然后每一级再分成上中下，比如最好的是上上，差一点的是上中，以及中中、中下、下下之类。有一次，卢承庆考核一个监督运粮的官员。这个人在运粮食的过程中，由于翻船把不少粮食掉进了河里，因此，卢承庆只给他定了一个中下。"没给你弄个下下就是照顾你的面子了。你把船都弄翻了，朝廷的粮食丢失了那么多，所以只能给你中下这么一个评价。"可是，这个运粮官得到中下的评语，一点也没生气着急，反而谈笑自若，该怎么着就怎么着。卢承庆觉得，我给他这么低的一个评价，他都没生气，说明他认识到了自己的错误，这人还行。从这点上来讲，这个人有认错表现，有责任心，改个中中吧。改成中中后，这个运粮官也没因此而高兴。卢承庆心想这个人真是"宠辱不惊"，无论怎样，他都能坦然面对。后来，卢承庆又调查到，那次船翻损粮，不是他管理不善造成的，而是因为突然遇到大风，把粮船给吹翻了。卢承庆一想：我给他中中看来也不合适，又改成了中上。这个运粮官还是没有因此而特别高兴。从此卢承庆对他印象很好，以后在吏部考核的时候，就重点提拔了他。

其实卢承庆本人一生都宠辱不惊，淡泊名利。到了晚年病危的时候，卢承庆把儿女们叫到床前嘱咐说："我死后，丧事一定要从简。穿的这身衣裳就算是我的装裹，不要再给我买衣服。棺材外边也别设什么椁，也别套好几层棺材，用一层棺材装着埋了就可以。坟头不要太高，只要能让人看得见就可以了。碑文不要乱写，别吹嘘我这一生有什么功绩，只要老老实实写上我的履历，什么时候死的，就行了。"这就是卢承庆的遗言。可见，卢承庆不仅清廉，而且也是个对功名看得非常淡薄的人。

第十三章 宠辱不惊

【古为今用】

世事无常当淡然，精彩人生当自强。

命运总会给人生带来跌宕起伏，变化无常。俗语讲：莫笑穷人穿粗衣，十年河东变河西。人生会从低谷中不断攀升。反之，辛辛苦苦几十年，一朝回到解放前，从高处滑到低谷的事情也时有发生。塞翁失马，焉知非福呀。我们无法预测世事无常，无法阻挡旦夕祸福。关键是我们以一种什么样的心态对待这变化无常的命运。过于在意曾经的失去，可能导致抱怨不止或颓废不前；过于期许未来的美好，可能导致急功近利，疲惫不堪。这些都将会左右到你的身心，让自己感到压抑和不安。许许多多身残志坚的故事告诉人们，没有什么绝对的福与祸。就像《道德经》第五十八章所言：祸兮福之所倚，福兮祸之所伏。勇敢、坦然、乐观地接受命运任何形式的安排，那么，无论何时何地，都会看到你灿烂的笑容与绽放的人生。

【"和"解本章】

本章关键词：和命运交朋友

著名作家、哲学家周国平有这样一段话："狂妄的人自称命运的主人，谦卑的人甘为命运的奴隶。除此之外还有一种人，他照看命运，但不强求；接受命运，但不胆怯。走运时，他会揶揄自己的好运；倒运时，他又会调侃自己的厄运。他不低估命运的力量，也不高估命运的价值。他只是做命运的朋友罢了。"

命有天定，运靠自修，一切都是自然而然的结果。人生不管以哪种形式呈现，我们都要欢迎它的陪伴。和自己的命运交个朋友吧，交个知心的朋友，彼此经常握握手、聊聊天、抱一抱。然后，你会发现，这样的人生非但不是随波逐流，而且是智慧的选择。

随笔

第十四章

执古御今

【古文今诵】

视之不见名曰夷①,听之不闻名曰希②,搏之不得名曰微③。此三者不可致诘④,故混而为一⑤。其上不皦⑥,其下不昧⑦,绳绳⑧不可名,复归于无物,是谓无状之状、无物之象。是谓惚恍。迎之不见其首,随之不见其后。执古之道⑨,以御今之有⑩,能知古始,是谓道纪。

【古文今译】

①夷:感觉有事物的存在,但眼睛却看不到形状。

②希:好像有声音的存在,但耳朵却听不到声音。

③微:似乎有东西的存在,但双手却触摸不到实物。

④致诘:对致密的东西进行刨根问底式的追究。不可致诘,就是没有办法探究清楚道的结构、形态、声音等。

⑤为一:一是多种元素于一体的意思,二是归为道的意思。"一",在《道德经》中多次出现,代指道。

⑥其上不皦:上面不显得光亮耀眼。

⑦其下不昧：下面不显得昏暗无明。
⑧绳绳：无边无沿，连绵不绝，无穷无尽。
⑨执古之道：秉持亘古的自然之道。
⑩御今之有：驾驭当下的事物。

———

看它看不见，把它叫做"夷"；听它听不到，把它叫做"希"；摸它摸不到，把它叫做"微"。这三者的形状无从追究，它们原本就浑然而为一的。它的上面既不显得光亮耀眼；它的下面也不显得阴暗晦涩，无头无绪、延绵不绝却又不可清晰地描述，一切运动都又回复到无形无象的状态。这就是没有形状的形状，不见物体的形象，这就是"惚恍"。迎头而望，不见它的前端，跟随而行，不见它的后尾。把握着早已存在的"道"，来驾驭现实存在的具体事物。能认识、了解宇宙的初始，这就叫做认识"道"的规律。

【古文今解】

本章老子重点描述了道的"模样"、道的"特点"。最后老子点出了本章的核心主旨，让人们通过认识道、把握道，从而运用道来驾驭好当下的事物。

那么，道的模样到底是什么样子呢？老子用"夷""希""微"来告诉我们，道看不见形状、听不到声音、摸不到实物。道是无状之状，无物之象。这让很多早想对道的样子一探究竟的人们感觉很失落，难道一睹道的"尊荣"就这么困难？接着老子说了，此三者不可致诘，故混而为一。就是告诉那些具有刨根问底儿精神的人们，不要瞎费劲了，根本不可能探究出道的具体模样。

正是因为道什么都不像，才能体现出什么都是道。老子在六十七章中有言："天下皆谓我道大，似不肖。夫唯大，故似不肖。若肖，久矣其细也夫！"翻译成大白话就是，天下人都说我所讲的道太大，什么都不像。老子说，正是因为我所讲的道太大，所以不可能像任何一个具体的事物。如果它像具体的任何一个东西，那就显得道太渺小了。这也充分表明了"大道无痕、大象无形、大音希声"。

下面我们重点解一解"此三者不可致诘，故混而为一"。

人们对于自然万象中所有事物的探索，一直以来有两个路径。一个是通过科学来论证，这叫唯物主义；一个是通过心悟来追寻，这叫唯心哲学。科学是形而下学，哲学是形而上学。这两者构成了一个大课题就是"辩证法"。本来应该是两者并驾齐驱才能让人类更全面地探寻宇宙的奥秘，但是现在科学似乎占领了主要阵地，把另外一个群体挤得无处可站，对于一些科学还没有办法验证的事物，大家都会用怀疑、鄙视的目光看待。认为那些虚的东西都属于"迷信的范畴"。这是当下社会的一个问题，如老子所讲的道就是看不见、摸不到的东西，难道我们要否定道的存在吗？笔者认为，任何事情都要一分为二，甚至一分为三地去看，老子告诉我们要"守中"，如果一切都以科学为准绳，那就造成一味地迷信科学了。

2016年8月16日下午1时40分，中国科学院国家空间科学中心研制的"墨子号"卫星，在中国的酒泉卫星发射中心成功发射升空并进入预定轨道。"墨子号"是一颗量子卫星，也是世界上第一颗量子卫星。我们听说过气象卫星、天文卫星、通讯卫星、导航卫星等，但是，恐怕大多数人都没听说过"量子卫星"是个什么玩意儿……"墨子号"应该可以算作通讯卫星当中的一种。只是，和传统的通讯卫星直接传递信息不同，"墨子号"的工作不是传递信息本身，而是分配"密钥"——解码加密信息的"钥匙"。

举个例子，打仗，A 地长官向 B 地前线部队发送军令。"墨子号"可以将许多组中的每组两颗纠缠态光子拆开，发射给 A 和 B 两地。当 A 地"观测"这些光子，就像用手去触摸了它们一样，会让这些光子发生形态变化。同时，发射到 B 地的光子也会产生一模一样的变化。把这些光子的形态，按照固定顺序记录下来，就变成了一组密钥。A 地按照这个密钥加密发送的信息，B 地手里已经拿到了解码的密钥，能够顺利解密信息。量子通信就是这样酷炫，但其根本原理超过了人类认知能力和理解范围。两个纠缠的光子凭什么总能保持相同的状态？一个变了另一个又是怎样知道的？难道世间万物之间本身就存在着心灵感应？如果能得到这些问题的答案，距离宇宙终极原理就又近了一步。负责牵头研究"墨子号"量子卫星的科学家潘建伟，带领他的团队实现了"科学与哲学"的握手，也由此成为 2016 年度感动中国人物之一。

这里，有四个有趣的现象值得那些"科学迷信者"好好思考一下。第一，卫星以2500年前的中国战国时期思想家"墨子"来命名；第二，量子密码不可复制，而科学的一大特征就是能复制；第三，"墨子号"卫星的运作原理已经超出人们现有的认知能力和范围；第四，发射的那一刻，科学家潘建伟也在双手合十，期盼和保佑发射成功。由此可见，中国几千年的文明历史，不仅仅是靠科学创造的，优秀传统文化的基因，伟大哲学的作用，博大精深的道的功劳不可埋没。记得有这么一句话：当唯科学论的人们乘坐其研发出来的、最先进的交通工具，追寻到宇宙最奥秘的地方时，却发现有一位哲学的精神领袖早已在那里等候着你的到来。

【古为今用】
执住古道，御好当下。

在本章的最后，老子说"执古之道，以御今之有。能知古始，是谓道纪"。这句话，实实在在地论述了老子为什么要悟道、传道、弘道。也给当下的我们确立了"古为今用"的实用思想。

有人说，现在科技越来越进步，知识越来越丰富，经济越来越发达，但是人类的智慧越来越退化，真理越来越弥少，道德越来越低下。笔者不敢认同这是当下的现实，但不得不正视对于中华传统文化继承的力量的确不够，对古圣先贤的智慧弘扬力度的确不够。还好，我们伟大正确的中国共产党这两年提出了"文化自信"的思想，推行了文化复兴的一系列举措。

其实，对于复兴传统文化，并不是让我们都从形式上去读读经典古籍，不是让我们都说文论道，而是要去深悟其中的精髓，并运用古圣先贤的精髓来更好地推动社会的进步、来推动国家的富强、来提升人们的精神生活，来提升人类的文明程度。有时候创新是发明一个新的事物，而有时候回归同样是一种创新。我们学习的一切，我们一切的学习，最终目的都是为了执古之道，都是为御今之有。

对于当下社会状态而言，人们好像都进入了"现实主义的包围圈"，对于静下来去真正地学习，都感觉一没有时间，二没有价值。学习不是为了让你当下能得到多少，而是为了提醒你，当你没有学习的时候失去了多少。

【"和"解本章】

本章关键词：让《道德经》和生活连起来

很多时候，人们认为《道德经》距离现实太遥远了，有种可望不可及的感觉，似乎很难找到与自己当下的生活相链接的地方。于是就对《道德经》敬而远之。

是的，从时间上来讲，《道德经》离我们有近 2600 年的跨度了；从内容上来讲，《道德经》又包罗万象，博大精深，难以领悟。但是，你可曾思考过，近 2600 年的时间跨度恰恰说明了《道德经》的青春永驻。"上善若水、天长地久、柔之胜刚、宠辱不惊"等这些耳熟能详的经典词汇，你一定经常使用它们，也曾用他们作为自己的座右铭，但，很可能你不知道他们的来源出处，或者并不完全理解它们的真正内涵。从这个角度而言，我们的生活中需要读读《道德经》；第二，《道德经》理解起来并不难，就是和一位智慧而和蔼的老者聊天。这里面没有难以理解的新知识，而大部分都是生活中的常识。所以，当你的三观遇到困惑，企业管理遇到困惑，家庭生活遇到困惑，子女教育遇到困惑，身体健康遇到问题等，都建议读

第十四章 执古御今

读《道德经》,它不能给你标准的答案,但是可以给你清晰的方向。

一起来吧,打开第一章"道可道,非常道;名可名,非常名……"

随笔

第十五章

为道不盈

【古文今诵】

古之善为道者①,微妙玄通,深不可识。夫唯不可识,故强为之容②。豫兮若冬涉川③,犹兮若畏四邻④,俨兮其若客⑤;涣兮若冰之将释⑥,敦兮其若朴⑦,旷兮其若谷⑧,混兮其若浊⑨。孰能浊以静之徐清?孰能安以久动之徐生?保此道者不欲盈,夫唯不盈,故能蔽而新成⑩。

【古文今译】

①善为道者:泛指修道、得道、行道之人。

②强为之容:勉强描述其状态。

③豫兮若冬涉川:谨慎呀,像冬天涉冰过河一样。

④犹兮若畏四邻:警觉呀,好像时时处处防备着四周的侵扰。

⑤俨兮其若客:恭敬呀,好像去赴宴做客一样。

⑥涣兮若冰之将释:融合可亲呀,好像坚冰将要消融一样。

⑦敦兮其若朴:敦厚诚实呀,好像没有经过雕琢的原木一样。

第十五章 为道不盈

⑧旷兮其若谷：空旷豁达呀，好像幽深的山谷一样。
⑨混兮其若浊：浑厚纯和呀，好像动荡浑浊的水流一样。
⑩蔽而新成：去除破旧，焕发新的生机。具有与时俱进之意。

———

古时候善于行道的人，微妙通达，智慧深远，不是一般人可以理解的。正因为不能认识他，所以只能勉强地形容他：他小心谨慎啊，好像冬天踩着冰过河；他警觉戒备啊，好像防备着四周的侵扰；他恭敬郑重啊，好像要去赴宴做客；他融合可亲啊，好像冰块缓缓消融；他纯朴厚道啊，好像没有经过加工的原木；他旷远豁达啊，好像深幽的山谷；他浑厚纯和呀，好像动荡浑浊的水流一样。谁能处浊世浊流而使它澄清，并慢慢变为清流？谁能处凝固沉寂的死水而使它流动，并渐渐显露生机？保持"大道"的人不会自满。正因为他从不自满，所以能够去故更新。

【古文今解】

在上一章中，老子详细描述了道的样子。而在本章中，老子紧接着详细描述了具有道性的人，身上所表现出来的模样。老子用了"豫兮""犹兮""俨兮""涣兮""敦兮""旷兮""浑兮"七个感叹的排比句，把善为道者的特征比喻成"若冬涉川""若为四邻""若客""若冰之将释""若朴""若谷""若浊"。总结起来，为道者具有"谨慎""警觉""严肃""和蔼""敦厚""旷达""纯和"的七大特征。当然，这七种为道者的特征并不一定概括得全面，因为老子说"善为道者深不可识"。这些特征是老子通过自己的语言，勉强进行的描述。接着，老子说"保此道者不欲盈"。因此应该准确地说，善为道者还有一个共同的特点就是"不骄傲自满"。

同时，老子也通过"谁能处浊世浊流而使它澄清，并慢慢变为清流？

谁能处凝固沉寂的死水而使它流动，并渐渐显露生机？"这样试问的方式提出了为道者的使命。变浊为清、变寂为动、变故为新就是他们的重要使命。

另外，笔者认为，老子在试问"谁能处浊世浊流而使它澄清，并慢慢变为清流"的时候，不仅指出了善为道者的使命，更重要的是，老子所处的时代混乱不堪，征战四起，杀伐不断，争霸欲烈。他老人家的理想就是以道治天下，平息一切争端，尽快让人们回归到平静的生活状态。所谓"谁能处凝固沉寂的死水而使它流动，并渐渐显露生机？"老子就是想用大道智慧，打破当时死寂一般的民不聊生的局面，让人们回归自然，耕田种地，让一切再欣欣向荣，萌发生机。

【古为今用】

古为道者有"七品"，今人学习修身心。

豫兮若冬涉川：善为道者，行事很谨慎呀，就好像在冬天里踩着冰面过河一样。老子的这句话，形容得太贴切、太形象了。我们也经常讲，"战战兢兢，如履薄冰"。一个人的言行必须要严谨，特别是春秋时期的善为道者，绝不会肆意妄为。因为你的一言一行都会上影响到国君，下影响到百姓。否则，将会为他人带来伤害。而今天的我们，能否像他们一样，始终保持一颗谨慎笃行的心，自觉做到言行合一呢？说自己能做到的，做好自己说过的。不妄加评论时事，不做没有根据的猜度。

犹兮若畏四邻：善为道者，时时处处保持着警觉戒备，好像四周要侵扰他一样。很多解读《道德经》的书籍，对这句话都是这样诠释的，也能说通。但是笔者更倾向于把这句话的本意表达为：善为道者，具有强烈的敬畏之心，对天地宇宙、对古往今来、对山水草木、对世间众生都有一种敬畏之心。"若为四邻"在这里具有"举头三尺有神明"之意。而今天的我们,能否像他们一样,做到心中有敬畏,人生自安然,始终秉持"道常无亲,常与善人"的信仰?

俨兮其若客:善为道者,端庄正直、严肃认真,做事情有道德准则,不偏不倚,不卑不亢,有礼有节,如同去赴宴做客一样。当下,能做到这一点实属不易。现在的赴宴,叫做参加饭局,既然是利用吃饭设计的一个局,那么局中各有角色,各有所欲,各有所需。这就会导致有些人为了个人的利益,在饭局中毕恭毕敬,唯唯诺诺;有的在饭局中言不由衷,笑不由心;有的人在饭局中,别扭至极,全身纠结。若能像古圣先贤的为道者那样做到端庄正直,不卑不亢,也许现在的饭局才能散发出"饭"的香味。

涣兮若冰之将释:善为道者,和蔼可亲,平易近人,不呆板、不刻薄、不做作、不摆谱,如同坚冰融化一样。心中有智慧,胸中装有道。与众人平和相融,有一种当下"暖男"的味道,在你需要的时候带来温暖,给你解惑。让你感觉到与其相处时一切都是那么的和谐自然、平静舒心。

敦兮其若朴:善为道者,敦厚诚实,没有任何争名夺利的心机,一切行为都尊道贵德,体现出了特别可信、特别坦诚的品质。如同一棵原始的木头,没有经过任何的雕琢和修饰。用当下的话说就是傻傻的,但是很受人欢迎。当下的很多人没有能保住这种憨憨的傻气,与人交流总会带着华丽的辞藻,与人共处总会盘算着自己的得失。岂不知,老子在八十一章中说"信言不美,美言不信;善者不辩,辩者不善"的道理。

旷兮其若谷:善为道者,心怀宽广,容纳天地,旷达若谷。以宽容之心、平等之心对待天下百姓和万事万物。自觉做到利而不害、为而不争、功遂身退。这是难能可贵的高尚品质,对应着一些争功又夺名,揽权又贪利,心胸小如针孔,难容不同意见的逆道之人,应该好好反省。改过自新,勤奋修为,让心旷达如山谷。

混兮其若浊：对于这句的理解，大都诠释为：他浑厚纯和呀，好像动荡浑浊的水流一样。笔者认为，这是最表层的理解，也是不准确的解读。理解这句话，我们应该返回到第四章来回顾。第四章对道有着"同其尘"的论述，就是说道尽管高大博深，但是却始终与尘世相融一体，道并没有脱离世间而故意显示它的高达。而本章老子描述善为道者的形象，用"混兮其若浊"，应该理解为，善为道者虽然具有"宇宙在手，万物由心"的修行境界，但也同样与世人同处红尘，不脱离众生自显高尚，感觉他们身上，好像也有世间的浊气俗流，而其实善为道者是没有那些世间的浊气俗流的。我们有赞美荷花的名句叫"出淤泥而不染"，那么在这里解读"混兮其若浊"，就是赞美善为道者入淤泥而不染的品格。

【"和"解本章】

本章主题词：不自盈，方能和

老子在本章的最后说："夫唯不盈，故能蔽而新成。"不盈，就是不骄傲自满，永远能吸收新的东西，所以才能去故纳新，永远具有创造力，永远保持生命力。这不仅是对善为道者的个体具有谦虚品格的一种表达，更是天地之间自然万物的一种规律使然。只有坦诚地接受秋风落叶黄，才能拥有明年的春光一片绿。

其实，人生也是一样，只有理智地看到自己的局限性，才能通过与外围的"和"来拓展自己的宽度；只有承认自己已有的东西会过期失效，才能通过与新一代思想的碰撞，刷新自己的页面；只有客观地明白自己的肤浅，才能通过与名师贤士的不断学习，来增加自己的厚度。否则，你就会自高自大、固步自封，永远自我感觉良好，甚至会"关起门作揖——搞自我崇拜"，根本不可能听进去其他的意见，也会对周围有价值的新兴事物不屑一顾，更谈不上与周围的人、事、物相融相和。

不自盈，方能和，故能蔽而新成。这是一个人自我革新、自我突破、自我提升的不二法门。用现代时髦的话说，这就是"与时俱进"。如果你不想落后掉队，请照此修行。

第十六章

致虚守静

【古文今诵】

致虚极,守静笃①,万物并作,吾以观复。夫物芸芸,各复归其根。归根曰静,是谓复命。复命曰常,知常曰明。不知常,妄作,凶②。知常容,容乃公,公乃王,王乃天,天乃道,道乃久,没身不殆③。

【古文今译】

①致虚极,守静笃:心灵空明到极点,心里彻底的宁静。
②不知常,妄作,凶:不知道大道之规律,肆意妄为会带来凶险之事。
③没身不殆:终身不会有什么危险。

———

追求心灵的空明达到极点,坚守内心的彻底清静。万物都一齐蓬勃生长,我从中体察其往复运动的规律。万物纷纷芸芸,各自返回到它的根源。返回到它的根源就叫做清静,清静就叫做复归于生命。复归于生命就叫道,认识了道的规律就叫做明智通达,不认识道的规律则会妄为盲动,往往会出乱子和灾凶。认识大道规律的人是无所不包的,无所不包就会坦然公正,公正就能周全，周全才能符合自然的"道"，符合自然的道才能长久，终身不会遭到危险。

【古文今解】

本章老子主要论述了体道、观道、悟道、修道、行道。体道的方式是追求冲虚空明，坚守内心的纯净。就是达到老子在第十章所讲的"载营魄抱一，能无离乎？""涤除玄览，能无疵乎？"通过"致虚极，守静笃"的体验，来俯观万物的生长运动规律，也就到了观道的阶段——"万物并作，吾以观复"；通过观道又悟到了万事万物都有各自的自然规律，终将回归到各自的本源，回到生命开始的地方。这就是悟道——"夫物芸芸，各复归其根。归根曰静，是谓复命"；接着就是要告诉我们，要明白这些恒久不变的大道规律，如果不明道就会做出一些无知妄为的事情，从而给自己带来危险，这就是"不知常，妄作，凶"。最后老子告诉我们，既然明白了不懂道会有危险，那么，就要去遵道行道，只有这样，人们才能具有包容之心、具有公正之心、具有王者之心，才能符合天道，让自己的修行符合天道，终身就不会再有危险之事发生。这就是"知常容，容乃公，公乃王，王乃天，天乃道，道乃久，没身不殆"。

下面，我们重点解读一下"致虚极，守静笃"。

"虚"，是道家用来形容"道"的无形无象和宇宙的原始状态。《管子·心术上》有言："虚者万物之始也"，"天之道，虚其无形"。而"致虚极"是道家人士追求的修炼境界。因为达到致虚极的状态，就可以真正领悟"挫其锐，解其纷，和其光，同其尘"的深刻内涵；就可以真正明白"无之以为用"的大道奥妙；就可以让自己"旷兮其若谷"。给自己的心灵留下足够多的"无"的空间，才能真正体会到生命中本来就具有的更多其他空间体验。当然，进入虚极之后要坚持"守静笃"。让外界一切因素都无法扰乱你宁静的内心。这需要让自己膨胀的欲念彻底斩断，需要极强的定力，需要深厚的功力。目前让一切躁动起来很容易，但是如果让人彻底静下来，哪怕静下来一刻钟，估计与攀登珠峰的难度也可以相提并论。

致虚极，守静笃。需要当时舍去一切有形的物欲和一切头脑中人为的意念。当然，你会得到另外一个世界的美好感受。包括身体的极度舒适，包括获得更多宇宙能量，包括提升自己的智慧等。这些都需要亲自去体验，才能收获到。不欲则静，静则能定，定能生慧。这三者是逻辑关系，也是真理。

第十六章 致虚守静

【古为今用】

知常不去妄为，终身方能不殆。

饿了不去吃饭，不渴也要喝水，还信誓旦旦地说，这是专家研究的养生之法，导致养生目的没有达到，养出了一身病；晚上不去睡觉，白天抱床不起，还洋洋得意地说，这是我的生活方式，结果导致身体早衰，年轻抗不过熬夜；累了不去休息，负重不去减压，还美其名曰地说这叫奋斗，导致很多人英年早逝，过劳而去；一天要走几万步，微信圈内晒名次，还自得其乐地说这是健身，最终导致滑膜发炎，疼痛难忍。信息、科技、经济愈加发达的今天，怎么就把最基本的人生常识弄丢了呢。

四季的常识是春生夏长，秋收冬藏；一天的常识是日出而作，日落而息；健身的常识是适度为健，过度为灾。这些小孩子都明白的道理，很多人偏偏反着行。一切常识的背后都是具有不可逆转的规律在推动，人类在自然规律面前除了遵循就是学习。不知常就会胆大妄为、愚蠢而动，带来必然的灾难。很多逆道而行者，"标新立异"的结果就是"不作死就不会死"。

【"和"解本章】

本章主题词：和谐共生

有人说，儒家之学重点讲的是人与社会的关系，倡导仁义礼智信，理想是实现人与社会共处有礼、有节、有序；而道家之学重点讲的是人与自然的关系，推崇道法自然，理想是实现人与自然之间的和谐共生。笔者认为，尽管这样对两大学说的概括过于笼统，但是主要观点还是可以认同的。但是人与自然万物要想实现和谐共存，是要有三个前提的：

第一，客观地认识到人类自己的局限性，谦虚地向大自然学习，顺应万物的运转规律。第二，尊重大道，以道而为，千万不可因无知而妄作凶。第三，弘扬大道之学，让更多的仁人志士与自然和谐相处，尽可能地减少人为破坏大自然的行为发生。所有对大自然的伤害，最终都会反应到人们自身。

与大道相融，和万物共生。让水更清，让树更绿，让天空更蓝，让生命更健康。这不仅仅是一种倡议，更应该是你我的行动。

第十七章

信言为贵

【古文今诵】

太上①,下知有之②。其次,亲而誉之。其次,畏之。其次,侮之。信不足焉,有不信焉。悠兮③,其贵言④。功成事遂,百姓皆谓我自然⑤。

【古文今译】

①太上:最上等的国君或圣贤。

②下知有之:他的精神和品格自然存在万民心中,也有释义为百姓只知道他的存在。

③悠兮:悠远慎重呀。

④其贵言:以言语为贵,这里指统治者以少发号施令为贵。

⑤我自然:百姓认为一切纯属自然。

———

最好的统治者,人民并不知道他的真实存在(或者人民心中有他的精神存在);其次的统治者,人民亲近他并且称赞他;再次的统治者,人民畏惧他;更次的统治者,人民轻蔑他。统治者的诚信不足,人民才不相信他，最好的统治者是多么悠远慎重呀。他很少发号施令，事情办成功了，老百姓说"我们本来就是这样的呀"。

【古文今解】

本章老子主要论述了统治者应该以"无为而治"的思想来治理天下百姓，让百姓们自然而然地生活和劳作。同时老子对统治者划分了四种不同的级别。第一个层次是以道治国的国君，这样的国君是最上等的，老百姓在太平幸福的日子中并没有感觉到他的存在，或者说他治理国家的智慧与道一体融入了万民之中。这叫"太上，下知有之"；第二种是以德治国，这样的国君是优秀的，百姓都亲近他，赞美他。这叫"其次，亲之誉之"；第三种是严苛的依法治国，这样的国君是次之的，百姓们都惧怕他。这叫"其次，畏之"；最后一种是言而无信地愚弄百姓的昏君，百姓们都侮辱他、辱骂他。这叫"其次，侮之"。所以，作为国君应该慎出言论，出言必有信。

理解本章的核心内容，需要与第五十七章相结合。老子在五十七章中详细地说到"我无为而民自化，我好静而民自正，我无事而民自富，我欲而民自朴"。同时，还要把老子在本章提出的"无为而治"思想与当时的社会背景联系起来。春秋末年，各个诸侯为称霸一方经常与其他国家展开较量，战火此起彼伏，国君常常易主，霸主也今此明彼。而一个国君一个令，一朝天子一朝臣。国家治理是朝令夕改，朝三暮四，折腾得老百姓都无所适从，苦不堪言，根本无太平日子可言，百姓们想过上幸福安康的生活，那只是梦里的奢望。

第十七章 信言为贵

【古为今用】

太上言为贵，有言必有行。

作为企业的最高领导者，在带领团队实现公司的发展目标时，必须做到"言为贵"，不要频发指令，更不要讲重复无结果的话。有些时候，公司领导开会频繁，但是对于会议研究的问题，总是议而不决、决而不行、行而无果。这是需要坚决杜绝的。在日常管理工作中，更不能使公司的制度朝令夕改。要做到言既出，则必行，文已下，必落实。在阶段性地考评公司运营能力时，对照公司制度，该奖则奖，该罚则罚。只有这样，才能树立领导之威信，才能营造出规范治企的文化氛围，才能形成公司领导在不在单位都不会影响公司的正常运转，才能让全体员工在公司"大道"的指引下，充分发挥各自的力量和智慧。同时也让公司最高领导者从繁琐的事务中解放出来，从而有更多的时间去思考市场的布局，思考消费者的需求，思考未来的战略大局。当企业的最高领导者做到了言而有信，就可以实现希言为贵，领导者最终就能实现老子所说的"下知有之"的最高境界。

当然，一个企业不能仅靠严谨的规则求发展，更要树立起公司的文化精神，培育明确正向的价值观。让全体员工懂得什么是公司信奉的发展"大道"，什么是自己应该遵循的岗位"大道"。当全体员工人人心中有道，人人行中遵道的状态下，公司的发展自然滚动向前。员工的价值也得到了展现，员工的待遇也获得了丰收，员工的生活也实现了幸福。那么，老子所言的"百姓皆谓我自然"就真的成为了全体员工的切身感受。

【"和"解本章】

本章主题词：有信则和，无信则危

　　老子讲"信不足焉，有不信焉"。诚信是治国之道，诚信是立国之本。当政者失信于民，国家自然不会和平，社会自然不会和谐。假若真像电视剧《人民的名义》中，有一句台词："以前，老百姓不相信政府会做坏事，现在老百姓不相信政府会做好事。"这就是失信于民的危险结果。这也是国家为什么全力整治贪腐、重回风清气正的深层原因，也体现了共产党人敢于自我革新，自我刮骨疗毒的无比决心；诚信是治企之纲，诚信是兴企之基。企业领导若失信于员工，就无法实现团队与企业的心和力同，失信于顾客，就不可能实现客户和企业的长久合作；诚信是家和之根，诚信是安家之要，若失信于亲人，则不能家和，若失信于孩子，则不能为范；诚信是立身之先，诚信是立业之保，若失信于朋友，则会天下无友，若失信自己，则会堕落颓废。

　　诚信是无价之宝，有信自然和；诚信是命中必备，无信自然危。

第十八章

道废有仁

【古文今诵】

大道废①,有仁义;智慧②出,有大伪;六亲③不和,有孝慈;国家昏乱,有忠臣。

【古文今译】

①大道废:大道,指万物之本源,万法之规律。废,原指把一个东西消失掉,或者不再产生价值;这里指人们对"大道"的作用视而不见,不再遵道而为之意,并非是道本身消失了或不具有价值了。

②智慧:原意指一个人道德高深、修行有境、明白四达的意思;这里是褒词贬用,特指行巧耍诈、玩弄权谋、故耍聪明。

③六亲:原指父子、兄弟、夫妇;这里泛指家人和亲属。

———

当大道被人们抛之脑后的时候,人们才会强调仁义;当智巧计谋呈现出来的时候,就有了越来越多的虚伪欺诈;当六亲之间出现不和睦的时候,才会显示出孝子慈父;当国家处于混乱的状态时,才会显示出忠臣贤达。

【古文今解】

在上一章中老子说道"太上，下知有之""犹兮其贵言，百姓皆谓我自然"等内容，是指一个国家以道治国，则会天下太平、百姓安康、一切自然。充分说明了遵道就不需要多言，体现了老子主张的"无为而治"的核心思想。而本章老子说"大道废，有仁义""智慧出，有大伪"，则是从反面来论述，一旦失道而采取智巧去治理国家，就会出现一系列的问题，这是强为妄为的结果。

下面我们重点解读"大道废，有仁义"这句话。

老子在通篇《道德经》中，反复强调道的伟大作用。道是宇宙之本源，是万物之母体，是天上日月星辰运行之规律，是大自然中万物生灭之法则，是治国理政的核心基石，是人伦常纲的内心准则。当一切遵道而为的时候，大道就可以让一切皆得所愿，自然而然。就如同老子在三十二章中所说"天地相合以降甘露，民莫之令而自均"。因而在依道而为的情况下，是不需要强调什么仁义的。因为"仁义"一词是属于人与人之间的情感表达，当人们重视所谓仁义的时候，恰恰说明了大道已经被人们无视了。正如老子在第三十八章中所言："失道而后德，失德而后仁，失仁而后义，失义而后礼。"

有句话叫："你对我有仁，我对你有义；你对我不仁，别怪我对你不义。"由此可见，靠仁义来实现长久的和谐安定是难以维持的。仁义只能是社会中个体对个体实现相互平衡的一种方式，当彼此利益失衡的时候，仁义这座大山自然就会轰然倒塌。而大道的伟大在于善利万物，利而不害。具有包容一切、博爱万物、无私无欲的品格。老子在接下来的第十九章中告诉我们："绝圣弃智，民利百倍；绝仁弃义，民复孝慈；绝巧弃利，盗贼无有。"所以，把一切智巧、仁义等术的层面统统抛开，见素抱朴，实行以道治国，才是真理王道。

下面我们重点解读"国家昏乱，有忠臣"这句话。

在中国的历史上，国有大难之际，君王昏庸之时，朝纲混乱之危，都出现了许许多多的忠臣良将。有的忠臣站在风口浪尖，冒死谏言救国家于危难之中；有的良将在狼烟战场，誓死保卫祖国的寸土河山；当然，也有一些乱臣贼子为了自己的私欲，大发国难财，甚至陷害国之忠良。

护国良相狄仁杰，一生为官，终身清廉，为民请命，惩治腐败，铲除贪官，两次做宰相，辅助武则天建立起盛唐大业。他为治理国家立下过汗马功劳，却命运多舛，屡屡遭受别有用心之人的陷害与打击，几起几落，甚至数次危及人身安全，但他为了江山社稷的大局，敢于在朝廷上犯颜直谏，置自己的生死于度外。后人赞叹狄仁杰是智慧的政治家、忠心的好宰相。

满门忠烈杨家将的故事，家喻户晓，代代相传。父子同上阵，兄弟齐出征，一颗忠心血染疆场，一心为国视死如归。最后佘太君出征，穆桂英挂帅，一群女将也诠释了巾帼不让须眉的英雄故事。只可惜，奸臣当道，国君不明，让后人为杨门忠良点赞讴歌的同时，心中充满了愤慨和不平。

还有那精忠报国的岳飞，自小受母亲后背刺字之教。一心只为雪洗靖康之耻，收复祖国河山，踏破贺兰山缺。他怒发冲冠，壮怀激烈，驰骋疆场。怎奈何秦桧等奸臣，以莫须有的罪名使一代英雄良将含恨九泉。当然历史为岳飞伸张正义，精忠报国的精神世代流传。秦桧自然成为了遗臭万年之徒。

历史留青名，可歌可泣的忠臣良将，都是为了让失道失德后的国家重回大道而尽显忠心赤胆，都是为了救国于危难之际而紧握日月旋转。他们或用正义之言，或用宝贵生命换来了和谐安康的社稷，守卫了乾坤朗朗的江山。

【古为今用】
遵道自有光明路，无德走向断头崖。

首先，我们要再次界定一下，老子在"智慧出，有大伪"这句话里面所说的"智慧"一词是褒词贬用，特指行巧耍诈、玩弄心机、故耍聪明、造伪充真等。而利用"智慧"出现"大伪"现象的根源就是人们为了满足私欲，背离了大道。

不得不承认，研究生产地沟油的不良商家，以假乱真的所有假货制造者，市场上发现的各种传销运营公司，社会中存在的各种招摇撞骗之术等，这些恶劣现象的谋划者们，都有着一定的聪明智商，都是玩弄心机的高手，都是具有"创造力"的群体。他们的不法手段让善良的人们防不胜防，让人深受其害。

他们的心中充满了私欲，他们的眼中全都是利益，可他们却忘记了人间正道，丢掉了灵魂中的良心，无视了国家的法律，最终必然得到应有的"回报"。因此，无论何人、何时、何地，聪明用到正地方才是真正的智慧。反之，用智巧去做伤天害理、逆道而行的事情，都是自掘坟墓。

【"和"解本章】

本章主题词：道立则和

国和则昌，家和则旺，人和则顺，心和则康。但是，要想实现国家和平、社会和谐、人民和顺、家庭和睦、身心和康等美好结果，前提就是大道要耸立不倒，厚德要永存于心。

老子说："天下有道，却走马以粪；天下无道，戎马生于郊。"天下和平是因为道立于世；人与人之间的和气相处，是因为道存于心；家庭和睦，才能万事则兴；生活和美，方能享受幸福；身心合一，自得悠然人生；气血相和，收获生命健康。老子告诉世人：大道废，有仁义；智慧出，有大伪。当下的人们，理应深悟其理。莫以仁义论高低，当让大道行于心。智慧需要闪烁正能量的光芒，千万不能用智巧而行大伪之事。

天道，乃善利万物而不害，人道，要一世善为而不争。道立于世，万物则和；道存于心，天下安泰。

第十九章

见素抱朴

【古文今诵】

绝圣弃智①，民利百倍；绝仁弃义②，民复孝慈；绝巧弃利③，盗贼无有。此三者，以为文不足，故令有所属，见素抱朴④，少私寡欲，绝学无忧⑤。

【古文今译】

①绝圣弃智：断绝尚贤的做法和聪明智巧。

②绝仁弃义：断绝仁德义气。

③绝巧弃利：断绝巧诈和私利。

④见素抱朴：素，未经染色的布丝。朴，未经雕琢的原木。这里指持守人的纯真质朴的本性。

⑤绝学无忧：断绝世俗的浮文之学，减少忧患的发生。

———

断绝尚贤的做法和聪明智巧，人民可以得到百倍的好处；断绝仁德义气，人民可以恢复子孝亲慈的天性；断绝巧诈和私利，盗贼也就没有了。圣智、仁义、巧利这三者全是巧饰，治理社会病态，仅靠法文律章是不够的，所以要使人们的思想认识有所归属，保持纯真质朴的本性，减少私欲杂念，抛弃世俗的浮文之学，才能免于忧患。

【古文今解】

上一章中，老子论述了如果大道被废弃而采取仁义治国，则会带来一系列的弊病。那么，如何恢复到以道治国的轨道上来呢？老子在本章中告诉了我们答案。老子用"绝圣弃智，绝仁弃义，绝巧弃利"，这"三绝三弃"高屋建瓴的思想精髓，引导国家治理回到大道上来。实施"见素抱朴，少私寡欲，绝学无忧"，让百姓持守纯真质朴的本性，持守内心的清净，减少私心私欲，抛弃世俗的"争名夺利"之学，则能实现国家治理的和平安定，国家就不会出现什么忧患了。

下面我们重点解一解"绝圣弃智,民利百倍;绝仁弃义,民复孝慈;绝巧弃利,盗贼无有"。

绝圣弃智,民利百倍。很多解读《道德经》的作品,都会把绝圣弃智放在一起解读为抛弃聪明智巧。笔者认为,这样不妥,既对老子的本意解读得不全面,又不准确。绝圣是一个层面,弃智是一个层面。绝圣的意思应该是第三章"不尚贤"的意思,就是说在治理国家方面不需要过度推崇圣贤(见第三章的解读)。而弃智就是抛弃心机智巧。老子认为所谓的圣贤之士都会按照自己的主观臆断为国君提出治国之法。且各个圣贤之间为了充分显示各自的聪明才智,在治国理政的理念上会有不同程度的冲突,为了得到国君的赏识和赞美,各自开始利用智巧,玩弄权术,各自强调自己政见的重要性。导致国家政令繁多,民众不知所从,百姓无法安居乐业。于是老子得出一个结论,如果绝圣弃智,那么百姓们自然就会获得更多的福祉,就会更有利于百姓们的耕作和生活。

绝仁弃义,民复孝慈。从个体而言何为仁?何为义?有原则的爱为仁。无原则的情为义。无论是有原则的爱,还是无原则的情,都以人的内心感情为基础,都以个人的主观意愿为前提,都有个人的欲望需求掺杂其中。我们常说,你对我不仁,就不要怪我对你不义。因此,仁和义是无法形成持久稳定性的。对于儒家在治国安邦倡导的仁和义而言,有原则的仁就是统治者为约束和规范臣民的行为所制定的一系列礼法标准。若遵循礼法则为仁,不遵循则为不仁,不仁必然遭到相应的制约;无原则的情就是社会风气的一种非理性的价值观(或行走于江湖的个体人生信条)。因此,仁义只能是人与国家、人与社会、人与人之间形成的人为的平衡机制。而道家思想的超然之处就在于跳出人为设定的秩序圈,上升到人与天地自然之道的相融相通。倡导人们效法自然的规律,自觉遵循人间的和谐共处法则,不需要条条框框的机械性规矩。所以当人们抛弃仁义的紧箍咒，回归了大道，当人们的一切思想、言行都以道而行，处无为之事，行不言之教的时候，自然而然就呈现出了子孝亲慈的理想状态。

绝巧弃利，盗贼无有。盗贼的产生，一是因为对逐利迫切而不择手段，二是因为想不劳而获动用了歪门邪道的智巧。一旦人们能断绝不正当的智巧之心，节制住了私欲私利的贪图之心，盗贼自然就会销声匿迹。否则，一切再严酷的法律都无法阻挡盗贼的产生。所以，老子认为要想扶正人们的行为，必须从道的层面入手，心中有道，行中才有德，绝巧弃利，盗贼无有。

【古为今用】

常见素则纯，紧抱朴则真。

素，为未染之布；朴，为未雕之木。合之为纯真之意。

纯真，是衡量一切人、事、物价值的基本判断标准。对于人而言，心的纯真意味着无私，意味着诚实，意味着信赖。无私才能得天地之宽，无私才能立人品长久，无私才能行为坦荡；对于事，纯真意味着就事论事，意味着目的纯净，意味着目标明晰。而有些事情难以说清的原因就是事中有事。例如，过节送礼，互致问候。这是表达友谊的一种方式。但是如果送礼的背后有事相求于对方，那就复杂了。所以，有一个笑话叫"意思"。送礼者把礼物呈上，收礼者：你这是什么意思。送礼者：没什么意思，就是意思意思。收礼者：你这样就弄得没有意思了。送礼者：一点小意思，没有其他意思。对于物，纯真代表着无任何瑕疵，纯天然之品。人们喜爱纯金、纯银，喜欢纯天然的东西。

因此保有一颗纯真之心，是每个人持有的最宝贵的东西。而且，此宝物虽然属于无价之宝，但是，只要你想拥有，便随心可得。

【"和"解本章】

本章关键词：学和不学

老子在本章的最后说"绝学无忧"。这句话，曾遭受了很多不白之冤，因为很多人错误地解读为：抛弃学问，就没有什么烦忧了。而老子所说的绝学，是指断绝学习那些人为的智巧之学，断绝那些争名夺利的世俗之学，断绝那些投机取巧之学。从而转向对天地的敬畏之心，学习大自然的奥妙，领悟宇宙大道的法则，学习天人合一之道。

当下的成功学到处乱飞，励志的鸡血满地皆是，千方百计地灌输着一夜成名、一夜暴富的歪理邪说。浮躁了人的内心，扭曲了人的价值，于是一系列为求网红而导致千奇百怪的行为时有发生，大学生被文盲带入传销组织的事件多次上演，于是就出现了很多人夜以继日的疯狂追逐，晚上因压力与亢奋难以入眠，白天醒来继续编织青天白日大梦。

老子说"合抱之木，生于毫末；九层之台，起于累土；千里之行，始于足下"。没有一朝一夕就能随随便便成功的。老子说"大道甚夷，而民好径"。通往成功的大道永远平坦光明，只需要我们脚踏实地地前行。可是，偏偏有些群体就爱偏执至极地走捷径。殊不知，捷径本身就没有，即便是有，也充满着危险。

因此，学和不学考验着人们的智慧，学什么不学什么，体现着人们选择的能力。

第十九章 见素抱朴

随笔

第二十章

独贵食母

【古文今诵】

唯之与阿,相去几何①?善之与恶,相去若何②?人之所畏,不可不畏。荒兮,其未央哉③!众人熙熙,如享太牢④,如春登台。我独泊兮其未兆⑤,如婴儿之未孩;傫傫兮⑥若无所归。众人皆有馀,而我独若遗⑦。我愚人之心也哉!沌沌兮!俗人昭昭,我独昏昏⑧;俗人察察,我独闷闷。淡兮其若海,飂兮若无止。众人皆有以,而我独顽似鄙⑨。我独异于人,而贵食母⑩。

【古文今译】

①唯之与阿,相去几何:唯,唯唯诺诺,唯命是从的恭敬的应诺声(一般指晚辈答应长辈的问话声);阿,大声的呵斥(一般指长辈对晚辈的问话声)。相去几何,相差有多大。整句大意为:唯命是从的恭敬应诺声与大声的呵斥声,这之间相差有多远呢。

②善之与恶,相去若何:美好与丑恶,相差有多远呢。

③荒兮,其未央哉:荒兮,宽广浩茫;其未央哉,也许没有尽头。整

句大意为：宽广浩茫啊，也许没有尽头。

④如享太牢：太牢，指盛宴。古时候把牛、羊、猪三牲齐全的盛宴称为太牢（大多用于隆重的节日欢庆或者祭天仪式）；只有猪、羊二牲叫少牢（多用于隆重的祭地仪式）。对应当下之意就是纵享大鱼大肉、山珍海味，以显示其财富和地位。

⑤我独泊兮其未兆：泊兮，宁静淡泊啊。未兆，没有萌生追求享乐的任何征兆。整句大意为：我却独自淡泊宁静，对于追求和贪图享乐之事则无动于衷。

⑥傫傫兮：意为踌躇颓伤、疲倦懒散。

⑦独若遗：唯独我贫困匮乏，好像不足。

⑧俗人昭昭，我独昏昏：世人都智巧光耀，唯独我愚钝糊涂。

⑨独玩似鄙：独自愚顽，好似鄙陋无知。

⑩而贵食母：以道为贵的意思。

———

应诺和呵斥，相距有多远？美好和丑恶，又相差多少？人们所畏惧的，不能不畏惧。这风气从远古以来就是如此，好像没有尽头的样子。众人都熙熙攘攘、兴高采烈，如同去参加盛大的宴席，如同春天里登台眺望美景。而我却独自淡泊宁静，对众人所追求的利益享受无动于衷。混混沌沌啊，如同婴儿还不会发出嘻笑声。疲倦闲散啊，好像游子还没有归宿。众人都有所剩余，而我却像什么也不足。我真是只有一颗愚人的心啊！众人光辉自炫，唯独我迷迷糊糊；众人都那么智巧光耀，唯独我这样愚昧无知。寂寥广阔呀，心胸好像大海一样；思想在飘动啊，好像飘泊无处停留。世人都精明灵巧有本领，唯独我鄙陋无知。我唯独与人不同的地方，就是以"道"为贵。

【古文今解】

　　解读《道德经》的本章，真的很难下笔，因为本章的主要内容是《道德经》的著作者——圣人老子进行的自我剖析。2500年前的圣人老子，具有大智大慧，道高德厚，了悟天地之妙，透析日月轮回，把握阴阳之道，熟知治国理政，洞悉人间百态，怎是我等之辈能够解读的。所以，笔者只能结合老子《道德经》的主题思想，结合老子所生活的社会背景，结合老子本人的人生经历，心怀无比恭敬之心，轻轻地向老子靠近。靠近老子的尊荣，靠近老子的思想，聆听老子的心声。

　　老子在本章中，将自己的为道治世思想与当时其他流派的治世思想进行了真实的对比；将自己的生存状态与世人的生活水平进行了对比；将自己的内心活动与世人的价值观念进行了对比。通过诸多的相互对照分析，老子明确地表达了对当时主流治世思想的疑问："唯之与阿，相去几何？""善之与恶，相去何若？"老子无奈地表述了当世的浊流危害，却又不得不屈从于"人之所畏，不可不畏"；与世人相比，众人皆是"俗人昭昭，俗人察察"的"聪明有知"，而自己却是"我独昏昏，我独闷闷"的"愚昧无知"，好像自己是一个没有长大的婴儿一样；与世人的物质财富相比，老子表达了"众人皆有以，而我独若遗"的清贫之状。老子在本章的最后说："我独异于人，而贵食母。"旗帜鲜明、态度坚决地表达了自己与世人唯独不一样的地方就是以道为贵。这是本章最后的核心之处：老子以道为尊，以道为母，自得其道，自得其乐。

　　下面，我们重点解一解"唯之与阿，相去几何"和"善之与恶，相去若何"这两句话。

　　唯之与阿，相去几何？这句话直接地译成现代语就是：应诺和呵斥，差别有多大呢？其实，老子用简单的一句话，道出了两个方面深刻而极端对立的问题。通过解读"唯"与"阿"两个字，我们就能领悟到老子的大道智慧。

唯，是唯唯诺诺、唯命是从的恭敬的应诺声。一般指晚辈答应长辈的问话声；也暗指在位高权重的统治阶级面前，下人总是保持一种毕恭毕敬的尊上心态，一种被奴役而不敢高声语的形象画面。阿，大声的呵斥，一般指长辈对晚辈的问话声；也暗指那些高高在上的统治者对下人的一种任意的差使，呼来唤去的命令等。

老子明确地反对这样森严的等级观念。老子认为，人人生而平等，各有所属的天性。治世之道就是要尊重人性，解放人性，让每一个人都享受到生命的自然属性。不能人为地通过各种礼法去压抑臣民，去摆布众生。而应引导众人步入大道之轨，让大道去发挥作用，倡导人人遵道守德。这样，国家得太平，万民得幸福。这也是老子在本章中对统治者失道而为，采取礼法治国所提出的严正质疑。

善之与恶，相去若何？直观地翻译成白话文，就是美好与丑恶相差有多少，或者善与恶有什么大的区别呢？理解这句话，需要重温一下第二章。老子在《道德经》第二章中，明确地指出"天下皆知美之为美，斯恶已；皆知善之为善，斯不善已"。老子认为：美与丑，善与恶，都是人为的刻意区分。在老子生活的时期，遵守礼法当冠之于美，属于从善，当以褒扬；乱之于礼法则冠之于丑，属于恶行，当以严惩。对于不善的惩罚方式众多，且极为残酷。所以老子紧接着又说"人之所畏，不可不畏"，就是当时礼法横行、酷刑俱多，不得不畏惧呀！这是老子对社会现状的极不认同，但暂时又无法改变的无奈心声。这都是统治阶级不以道治国而产生的结果。老子认为，若以道治国，人归于道，则无需强调善恶。天道的属性是善利万物，而当人们都心中有道的时候，善行自然就布满人间。

下面，我们解读一下"众人熙熙，如享太牢，如春登台。我独泊兮其未兆，如婴儿之未孩；儽儽兮，若无所归。众人皆有余，而我独若遗。我愚人之心也哉！沌沌兮！俗人昭昭，我独昏昏；俗人察察，我独闷闷。淡兮其若海，飂兮若无止。众人皆有以，而我独顽似鄙"。

这段话，是老子本人思想、行为、人生状态等与世人对比之后的真实写照。众人的生活场景是熙熙攘攘、热热闹闹，如同参加高档的宴会，又好似登上高台欣赏春天的美景。而老子却淡泊眼前的浮华，独处宁静之地，根本对世人追逐的这些名利享乐无动于衷。自己好像一个没有长大的婴儿一样。看上去老子形态悠闲懒散，好像一个没有归宿的游子。众人生活富足，财货有余，而老子却显得贫乏欠缺。我好像是一个愚昧无知的老头，感觉混混沌沌的。众人都光辉自炫，唯独我迷迷糊糊；众人都那么聪明智巧，唯独我这样木然而立。我的内心世界宁静深远、宽大如海。思想自由驰骋，飘然不止。世人都精明灵巧有本领，唯独我鄙陋无知，身无一技。这一整段的描述，体现了老子追随于道而不被世俗利益牵绊。外在的一切"不如他人"，恰恰说明了老子是一个"外贫内富"的智慧圣贤。用大智若愚、大成若缺来形容老子的形象，尤为恰当。

最后，我们解读一下"我独异于人，而贵食母"。

最后，老子跳出尘世之外，站到大道高点，明确地做出了人生的选择。老子的选择方向是明确的，态度是坚决的，定力是悍然不动的。一点也不糊涂，一点也不犹豫。老子斩钉截铁地说："我独异于人，而贵食母。"任凭世间的一切欲望如何侵扰，我都视而不见。我的眼中、我的心中只有"道"。老子向整个宇宙发出了自己内心的声音：我坚持我的选择，我将与道同在。

【古为今用】

向信仰致敬,给大道施礼。

提到信仰,似乎话题太大了,太空了,太唱高调了。因为信仰是什么,谁也说不清,谁也道不明。可是这看似虚无的东西,一旦内心丢掉了,那就太可怕了。

一个企业如果没有信仰,就找不到发展的意义与方向,就无法让团队聚心合力;一个人失去了信仰的支撑,就会漂浮于世,无所适从,甚至会感觉到生无可恋的轻生之念。那么,我们能否把信仰具体化、聚焦化呢?一个人的信仰到底该怎样体现于行呢?我想,这是完全可以做到的。不信的话,下面让我们来看一看一个有信仰的人,是怎样践行自己信仰的。

有一个已经与世长辞的老军医叫华益慰，他是感动中国的人物之一。他以"医者仁心"为自己的信仰，并坚守信仰一生，践行信仰一世。他用实际行动告诉了我们，只要有信仰，小处也可闪光。他每一次给病人诊病的时候，总会把冰凉的听诊器捂热乎之后，再放到病人的胸口。这么一个很小的动作，让我们瞬间感动得热泪盈眶。因为，我们每一个人都曾有过被冰冷的听诊器贴上来的那一瞬间的感受，那会让人冰得心中一纠。而试想一下华医生把带有温度的听诊器放到别人胸口的时候，病人该是多么的幸福。这不是念到硕士博士才能掌握的高超技巧，这是华医生心中坚守"医者仁心"的信仰之后，自然而然的举动；反之，如果心中没有信仰，这又恐怕是读多少书都难以达到的境界。

【"和"解本章】

本章关键词：和信仰拥抱

读完本章《道德经》，特别是读完老子"独异于人，而贵食母"这句话的时候，老子那不让欲望遮眼、心中只存大道的精神，瞬间触动了我们所有的神经。我们会向老子鞠躬，会向大道施礼，会向信仰致敬。老子以道为信仰，我们以什么为信仰呢？

在当下物欲横流、追名逐利的时代，"信仰"一词是不是离我们有点远了？也许我们曾经有信仰，现在都被现实折腾得支离破碎了。如果，信仰距离自己远了，请赶紧跑过去抱住它吧，因为与信仰分离，人将心神俱乱；如果不小心把信仰弄丢了，请快速把它找回来吧，因为没有信仰，人将不知所措。

不管用什么方式，请时时刻刻拥抱着信仰。不然，会后悔的！

随笔

第二十一章

孔德从道

【古文今诵】

孔德之容①，惟道是从②。道之为物，惟恍惟惚。惚兮恍兮，其中有象；恍兮惚兮，其中有物；窈兮冥兮，其中有精，其精甚真，其中有信。自今及古，其名不去，以阅众甫③。吾何以知众甫之状哉？以此。

【古文今译】

①孔德之容：孔，大的意思。容，形态的意思。孔德之容，即大德的形态。

②惟道是从：有道来决定、来呈现。

③以阅众甫：阅，观察、体悟的意思。众，意指天地万物。甫，初始的意思。以阅众甫，即以道为依据观察天地万物的初始。

———

人们的大德形态，是必然跟随、遵循大道的。"道"这个东西，显现成物象是恍恍惚惚的。它是那样的恍恍惚惚啊，但这恍惚中却有宇宙之象。它是那样的恍恍惚惚啊，但这恍惚中却有万物之形。它是那样的深远幽昧啊，但深远幽昧中却有一切生命的精气，这精气是最真实的，这精气是可以信验的。从古至今，它的名字永远不会消失，依据它，才能观察万物的初始规律。我凭什么知道万事万物真实变化的状态呢？就是从"道"的奥妙中认识的。

【古文今解】

老子在本章中，向我们阐述了什么才是人们具有的大德。那就是遵道就是有德。道是宇宙的德，德是人间的道。我们前面说过多次，道是宇宙间万物的本体，人是由道运化显现而生的。那么，人身上必然有道。而德是道在人们身上的呈现。所以一个人生命中一定是应该有道有德的。如果，一个人没有了道德，就违反了道的规律和德的属性。

那么，道是什么样子的？道形成万物的初始状态是什么样子的？老子在本章中给出了答案。顺着这个答案，我们可以寻找到万物之源头，也就是哲学家、科学家一直在探究的我们从哪里来的人生大课题，也是自然万物从哪里而生的科学大问题。老子说，道虽然是无形无象、无始无终的一种运动状态，但是，这并不是意味着道是不可知的。万物都是由道而生、由道显现而成。只是说，这个显现的过程是惟恍惟惚的。天空和大地、太阳和月亮、高山和流水、花草和树木、百兽和人类等，一切都是"道之为物"。

下面，我们重点解一解"孔德之容，惟道是从"这句话。

孔德之容，惟道是从。这句话直接译成现代语言，就是一个人的大德，是遵循大道的体现。德性越高就意味着与道越紧密。我们经常说一个人不上道，就同时意味着这个人的德性不够。而道是万物之源，万物之根，万物之本，是自然规律的运动法则。因此，从某种意义上来讲，要想具有高尚的大德，就要严格遵照天地自然的规律去思考、去践行。

简单而言，交通法规是道，红灯停、绿灯行、黄灯亮时等一等就是规则,而驾驶员若能遵守其规,就说明你是一个有德行的人,反之,就是无德的表现。倘若因无德乱行造成了交通事故等,则属于违法行为。无德众人谴责之,违法自然受到惩罚。

接下来,我们解读一下"道之为物,惟恍惟惚。惚兮恍兮,其中有象;恍兮惚兮,其中有物;窈兮冥兮,其中有精,其精甚真,其中有信。自今及古,其名不去,以阅众甫"。

道之为物,惟恍惟惚。老子坚定地给出了物由道生的答案,同时又强调了道在孕化万物的过程是惟恍惟惚的。紧接着老子又说,虽然是恍恍惚惚的,但是只要你静下心来认真观察和体悟,这里面却有象、有形、有精。正是"三有"的客观存在,所以人们可以通过验证得出可以信赖的结果。从古至今,道生万物的规律永不消灭。仔细观察和体悟,人们就可以了解宇宙中的奥妙,天地间的法则,人世间的真理。

例如，太阳的形状是圆圆的像个火球，这就是有形的物质，而日升天亮，日落天黑，这就是有形之后的一种天象。人们常说，天有三宝日月星，地有三宝水火风，人有三宝精气神。何为精气神呢？从中医的角度讲，精就是有形的人体最小的组成单位。气是推动人的精体运动的无形动力。神是一个生命背后的宇宙主宰者（或生命本体的自然属性）。神并不是神化、玄学之意，而是一种规律使然。

【古为今用】

心中有道存，行中有德在。

一个人，倘若心中有道存，行中自然有德在。记得有一个美丽的乡村教师叫支月英。她在偏远山村默默耕耘几十年，既是教书育人的好老师，更是留守儿童的好妈妈。"师德"的光辉照亮了她的整个人生。可能，我们看到了她为山里孩子辛勤教书的美德，而这美德的背后是支月英老师在一直遵守着"育人"之道。正是因为她心中有道存，行中自然有德在。当《感动中国》组委会为她颁奖的时候，笔者也是对支月英老师由衷敬佩。为此，笔者写下了下面的一段话，以此表达对支老师的赞美。

你是山里的一朵花

因为有你，山村才更加美丽

你是留守儿童的妈妈

因为有你，孩子们才理解了爱的含义

你是黑夜里永远发光的蜡烛

因为有你，上千名山里孩子走进人生梦想的世界里

你用自己的脚步

丈量了山里娃实现梦想的距离

你用无悔的坚持

让山花开了一季又一季

你用整个青春

在山里留下了一个平凡教师的足迹

你叫支月英

你比山花更美丽

【"和"解本章】

本章关键词：知道和知"道"

当下有一种可怕的懒惰，叫做思想懒惰。所以，就有了"知之为知之，不知'百度'知"的现象。遇到问题就去百度，查到答案就去传播。却懒得去思考，百度上的答案是怎么来的？答案的准确率和适宜性够不够？这个答案是什么时间得出的？能否对答案进行真伪性的验证……当然，笔者不是去论究和怀疑百度搜索给人类带来的巨大作用，也不是对什么事情都去钻牛角尖。而是要去追问一下，在信息时代，我们对未知领域的探知（特别是涉及传经布道的文化领域），是否具有一个诚实的态度，是否能坚守严谨的根本。

只有心静才能思考，只有思考才能去深悟，只有深悟才能知"道"，而不是看到一些浮在表层的现象就以为自己知道了，当以一个严谨的态度去辨析本质之后，才能一步步地从知道获得真正的知"道"。

知道和知"道"，哪个更重要？相信，我们心中都会有一个真正的答案。

第二十一章 孔德从道

随笔

第二十二章

曲则能全

【古文今诵】

曲则全，枉则直，洼则盈，敝则新①，少则得，多则惑。是以圣人抱一为天下式②。不自见，故明；不自是，故彰；不自伐，故有功；不自矜，故长。夫唯不争，故天下莫能与之争。古之所谓曲则全者，岂虚言哉③！诚全而归之。

【古文今译】

①敝则新：敝，除旧。敝则新，除旧革新的意思。

②抱一为天下式：抱，持守；一，代指道。抱一为天下式，就是持守着大道作为天下人的榜样。

③其虚言哉：其，代指曲则全、枉则直、洼则盈、敝则新、少则得、多则惑等先古圣人的真理名言。虚言，空话的意思。哉，反问句中常用的难道之意。其虚言哉，意思是先古圣人的这些真理名言，难道都是空话吗？

———

委屈反而能保全，弯曲反而能伸直，低洼反而能充盈，破旧反而能更新，少取反而能得到，贪多反而被迷惑。因此，圣人都持守着大道作为天下的法式榜样。不表现自我，反而能够显明；不自以为是，反而能彰显；不自我夸耀，所以才能有功；不让自己骄傲自负，所以才能让自己成长壮大。正是因为不与人争，所以天下没有人能与他争，古人所言的"曲则全"等圣言，难道是空话吗？如果能够按照圣人之言真诚地做到了，就会真的实现与道合一。

【古文今解】

老子在本章中，向我们阐述了为人处事的修身之道，体现了老子的"反者道之动，弱者道之用"的核心思想。老子告诉我们"曲则全，枉则直，洼则盈，敝则新，少则得，多则惑"，这是规律使然，也是人们应该奉行的法则。在这样的法则下，人们应自觉做到"不自见、不自是、不自伐、不自矜"。

老子在本章的最后，语气坚定地告诉我们，古圣先贤的这些为人处世之道，不是虚的、不是空的、更不是假的。只要以一颗诚心去修行，必将实现人生的价值，必将"全而归之"。

下面我们详细解读一下"曲则全，枉则直，洼则盈，敝则新，少则得，多则惑"。

曲则全：我们常说委曲求全，就是这个道理。但是委曲求全需要界定两个重要的概念。第一，委曲求全不是让自己强迫性地"委下来"，而是在遇到局部与全局出现矛盾的时候，要从全局的角度着眼，自动自发地让自己"委下来"，以求更大的结果。让结果惠及更多的群体，让结果产生更大的价值。第二，曲则全不是让人们懂得这个道理后，去耍什么伎俩，而是告诉我们，这是一种天道规律，是自然法则，是尊道贵德之后的必然呈现。

枉则直：山间的公路弯弯曲曲，那是因为顺山势而筑，只有弯曲才能让大路通往人们最终想要达到的地方。人生的道路上，只有俯下身子，了解事情的来龙去脉，才能找出事物的内在本质，才能找到解决问题的正确方法，让我们站得更直。另外，要想让事情归于中正之位，我们需要矫枉，然后则会过正，最终才能真正地取直居中。

洼则盈：低洼之处方能获得充盈，这是水流的走势。人们只有保持谦虚卑下的心态，才能获得更多道的给予。当我们遇到人生前进的天花板之时，就需要自我放空，以更大的空间来容纳更多，来追寻更高的境界。持续循环，不断提升。

蔽则新：辞旧方能迎新，这就是与时俱进。因为一切事物都会随着时间的不同、空间的不同、环境的不同而不断地发展变化。抱着固有的陈规陋习，总是生活在过去的"围城之中"，则无法完成新的使命。雄鹰生长到一定阶段需要勇敢地自毁其爪、自毁其羽、自毁其喙，然后获得一个全新的更具生命力的自我，继续翱翔蓝天；小草勇敢面对秋天的枯萎，才能换来明年春天的一身青绿，继续彰显春风吹又生的顽强生命力。

少则得：少一些欲望，就会多一份自在；少一些居功，就会多一份尊重；少一些浮躁，就会多一份踏实；少一些莽撞，就会多一份安全；少一些急功近利，就会多一份稳健长久。少不是让人们自我颓废，不思进取，而是让我们懂得不争不抢不强为，实现"没身不殆"。

多则惑：贪多让人迷惑，知止才是天道。手中能够握住的东西永远是最有限的，猴子掰玉米，徒劳无益。撒开手、张开怀、打开心，你即可拥有整个世界。老子第九章早就说过"持而盈之，不如其已；揣而锐之，不可长保；金玉满堂，莫之能守"的道理。

第二十二章 曲则能全

【古为今用】

莫说道空而无益，诚修全然而归之。

老子在本章中的最后说"古之所谓曲则全者，岂虚言哉！诚全而归之"。道告诉我们一个恒久不变的规律，就是"反之道之动"。只是芸芸众生被眼前世俗的表象所遮蔽，很少能悟透和掌握这一本质而已。老子所言"曲则全，枉则直，洼则盈，敝则新，少则得，多则惑"，"不自见，故明；不自是，故彰；不自伐，故有功；不自矜，故长"，都是道给我们的正向指引。古圣先贤早已参透其理，心驭其规，所以才会告诉人们"曲则能全"，这不是心灵鸡汤式的教化，而是实实在在的至真大道。只有按照古圣先贤所指的大道诚心诚意地踏实践行，道才会回馈于行道者。

"别给我讲什么大道，别给我论什么大德，谈空说玄，我听不懂，更没有时间来听，还是给我们来点实惠的吧。"当下，这类声音显得尤为响亮。实惠的是什么呢？思来想去，恐怕最终没有什么比古圣先贤的金玉良言更实惠吧。因为，古圣先贤才不会给人们说一些无关紧要的废话呢，他们所说的句句属实，字字千金。

【"和"解本章】

本章关键词：勇于和过去说再见

老子在本章中说到"敝则新"，就是告诉我们，道是永远在运动变化的，我们要跟随道的变化而变化。要勇于自我革新，永远保持新的生命力。

每个人都有自以为豪的过往经历，也有难以抹去的困苦记忆，要想选择性地忘掉过去的岁月片段，有时候是挺难的一件事情。和过去勇于说再见应秉持两大原则。第一，凡是不能给自己带来新的成长动力，不能带来生命正能量的，要坚决摒弃；第二，凡是通过回顾过去，能够让自己充满力量，能够激励自我前行的，要继续保持。

　　选择性地和过去说再见体现一个人的智慧，更考验着一个人的勇气与魄力。

随笔

第二十三章

希言自然

【古文今诵】

希言自然①。故飘风不终朝,骤雨不终日②。孰为此者?天地。天地尚不能久,而况于人乎?故从事于道者,道者同于道,德者同于德,失者同于失。同于道者,道亦乐得之;同于德者,德亦乐得之;同于失者,失亦乐得之③。信不足焉,有不信焉。

【古文今译】

①希言自然:希言,表面意思是少说话。引申意为统治者少发布施政命令。希言自然,就是统治者少发布一些施政命令是符合常道的。

②飘风不终朝,骤雨不终日:表面意思为狂风刮不了一整个早晨,骤雨下不了一整天,引申意为统治者对百姓实行强迫式暴政的话,是不可能实现长治久安的。

③同于失者,失亦乐得之:行为失道、失德的人,道和德是会抛弃他的。

———

统治者少发布施政命令,是符合自然的。所以,狂风刮不了一整个早晨,骤雨下不了一整天。是谁使它这样的呢？是天地。天地的狂暴都不能持久，何况于人呢？所以，从事于道的人，就合于道；从事于德的人，就合于德；表现失道、失德的人，就会丧失所有。行为同于道的，道会得到他；行为同于德的，德会得到他；行为失道失德的，道与德自然也会抛弃他。统治者诚信不足的话，百姓自然就不会相信他。

【古文今解】

老子在本章中，向我们阐述了统治者的为政之道，为政之道就是要"希言"。再次体现了老子"无为而治"的核心思想。本章和老子在第二章提出的"行不言之教"，以及第五章提出的"多言数穷，不如守中"意义相近。老子为了更充分说明"希言"是符合"自然"规律的事实，特意用大自然"飘风不终朝，骤雨不终日"的常见现象作为有力的证明。

老子告诉当政者，在施政的过程中同于道、同于德，那么自然会得到百姓的长久拥护；反之，如果失去道、失去德，也必将失去执政的基础，道就会把他果断地抛弃。最后，老子说如果当政者诚信不足的话，老百姓自然就不会相信他。

下面我们详细解读一下"希言自然"这句话。

希言自然。老子就是告诉当政者要遵道顺德而为，不要对老百姓过度地频发施政命令，要将对百姓的统治应用于"不言之教"的大道下。因为，多言则会穷尽，也会让百姓的生产生活被搅乱得无所适从。这其中有两个层面需要做进一步的解读。其一，就是对于国家社会的治理仅仅依靠繁多的政令法规是不够的，而且政令频发，朝令夕改，也会引起被统治者的抵触和不满。所以，当政者还要更重视人们心中的那部"无字大法——道与德"。引导人们尊道贵德，则会更好地实现国泰民安。其二，当政者要具备治理国家和社会建设的优秀能力。颁布政令要符合道的大势，符合人间的常德，同时做到法令一旦颁布，上下必须同步效法而行，为百姓做好示范，要取信于民。否则百姓就会不相信政令，不把当政者当回事。

【古为今用】

从于道则得道，合于德则有德。

道，无处不在。但是，道不会一厢情愿地强迫任何人来遵守。只要我们心中有道，敬畏于道，信道遵道，人们自然会得到道的佑护。这就是老子在七十九章所说的"天道无亲，常与善人"；道，不偏不倚，对自然界的万事万物则一视同仁，从于道则得道。

德，随时可现。德是道在人们身上的一种自然呈现，每一个人的思想、语言、行为中都会体现出一个人的德性。天地之间的大德就是利万物，利而不害；人间社会的大德就是有作为，为而不争。人们总是习惯性地将德划分为社会公德、职业道德、家庭美德、个人品德。

我们常说"人不为己，天诛地灭"，很多人把这句至理名言误解为自私是人的本性，因而为个人的自私行为找到了一个光明正大的理由做铺垫。其实，这是完全曲解了此话的真正含义。"人不为己，天诛地灭"的真正含义就是：每个人来到世间都有各自的使命，都应该有一番作为，而有作为的前提是要有修为，修为的核心就是修心、修性。一切的修行归点就是要尊天道，行大德。如果不去时时刻刻地修为自己，反而去做很多违道逆德的事情，那么自己就枉来世间一趟，后果很可能是天诛之，地灭之。

所以，从于道，合于德，乃人生根本。

【"和"解本章】

本章关键词：从道则"三和"

所有的矛盾与冲突都不外乎三种情况：一个是人与自然之间的矛盾与冲突。其表现就是人类总是在开发自然资源与保护自然生态中发生着冲突；第二是人与人之间的矛盾与冲突。其主要表现就是各自之间权、利、名等的交织与纷争；第三是人与自己之间的矛盾与冲突。其表现为当下自己的人生状态与内心深处的理想状态无法合一。

而解决上述三种矛盾与冲突的唯一方式就是要遵从于道。遵从于自然规律，遵从于正向的价值观。只有这样，才能实现人与天地自然的和合共生，才能实现人与人的和谐共处，才能实现人与自己的一生和谐。

天和、人和、心和。实现这"三和"的钥匙密码就是从于道。还是那句话:"天道无亲,常与善人",一切在于自我修为,一切源于自我的内心。

随笔

第二十四章

企者不立

【古文今诵】

企者不立①，跨者不行②。自见者，不明；自是者，不彰；自伐者，无功；自矜者，不长。其在道也，曰馀食赘形③。物或恶之，故有道者不处。

【古文今译】

①企者不立：企同"跂"，踮起脚跟的意思。企者不立，指人在踮起脚跟的状态下是站立不稳的。这里引申为一个人总是想通过踮起脚跟在众人面前高人一等，是不可取的。

②跨者不行：跨，跃或越的意思。跨者不行，指急于跨步前行是走不远的。这里引申为做事情急于求成，将无法长久下去。

③馀食赘行：馀食，残羹剩饭的意思；赘行，身上的赘肉过多。馀食赘行，指饮食有余则病，身体有赘则累。这里引申为人们对于那些急于求成的行为就如同看作剩饭赘肉一样，惹人生厌。

———

踮起脚跟是站不稳的，跨步前进，是走不远的。自逞己见的人，反而不得自明；自以为是的人，反而不得彰显；自我夸耀的人，反而不得见功；自我矜持的人，反而不得长久。从道的观点而言，这些急躁炫耀的行为，就好像是剩饭赘肉，让人心生厌恶。所以有道的人从来不这样做。

【古文今解】

老子在本章中，向我们阐述了自我修行的核心，那就是不自见、不自是、不自伐、不自矜，否则，就会导致企者不立、跨者不行。

老子始终倡导谦卑、处下、贵柔，处无为之事，行不言之教，尊自然之规，反对自高自大、自我炫耀、自我膨胀。老子认为一个人倘若自傲自负，就会目空一切，就会私欲过度，就会不守大道，不行大德。到头来给别人带来伤害，最终也将给自己带来祸患。

下面我们详细解读一下"企者不立"和"跨者不行"。

老子用"企者不立"这个形象的比喻，告诫了世人，不要总想着高人一等来显示自己的伟大，这是一种自欺欺人的愚蠢做法，踮起脚跟是永远不会站稳的，晃晃悠悠、颤颤巍巍地容易摔倒在地。一个人在众人面前的形象是否高大，不是取决于"身高""声高""位高"，而是看这个人是不是道高德厚。

老子用"跨者不行"这个行为动作，生动地告诉世人，越是想大踏步地快速前进，反而使人们无法稳健持久地行走，最终难以到达目的地。老子观点明确地告诉那些做事急于求成的人，无论做任何事情，都要一步一个脚印，踏踏实实，稳稳当当，尊重规律，不强为、不冒进，只有这样，才能获得最终的成功。老子在六十四章中有言："合抱之木，生于毫末；九层之台，起于累土；千里之行，始于足下。"也是再一次告诉人们"脚踏实地"才是成功的唯一法则。

【古为今用】

自以为是陷歧途,尊道贵德行大道。

老子在本章中说"自见者,不明;自是者,不彰;自伐者,无功;自矜者,不长"。因为这些行为都不是有道者的表现,有道的人从来不会这样做,而且有道的人把自见者、自是者、自伐者、自矜者(这"四自"的含义都具有自以为是的意思)看作是残羹剩饭和人身赘瘤,令人生厌。老子认为,一个自以为是的人从来都是只看到自己的优点,看不到自己的缺点,而且不愿意倾听他人的意见和建议,很容易陷入"一意孤行、心胸狭隘、独自尊大"的深渊难以自拔。

所以,作为芸芸众生中的我们,要时刻保持谦卑的心态,知道自己的渺小,承认自己的局限性,时时刻刻向他人学习,向大自然学习。敬仰道的伟大,尊崇德的深厚,步入人生正确、平坦、光明的大道。

第二十四章 企者不立

【"和"解本章】

本章关键词：知自我，与众和

在现实生活中，人是很难有自知之明的，在自我认知上一方面往往会放大自己的优点，导致盲目自信，自高自大，自我吹嘘；另一方面也总是隐藏自己的缺点，尽可能地向他人展现出一个近乎完美的自我形象，导致一个人爱慕虚荣，自欺欺人。而对于自我认知方面看不到的盲区，周围的众人却看得清清楚楚。有些人会善意地对自己进行提醒，大多数人则会嘲讽说："自己有几斤几两，难道自己不知道吗？"所以，老子在《道德经》三十三章中说："知人者智，自知者明。胜人者有力，自胜者强。"

提升自己的修为，提升自己的境界，其重要的一个方面就是要有自知的能力，另一方面就是在清晰地认知到自己局限性的情况下，始终保持一个谦卑的心态，与周围众人相融相和。博采众长，持续修行，让自己的心灵提升到更高的层次和境界。

第二十五章

道法自然

【古文今诵】

有物混成①,先天地生。寂兮②廖兮③,独立而不改,周行而不殆④,可以为天地母⑤。吾不知其名,强字之曰:道,强为之名曰:大。大曰逝⑥,逝曰远,远曰反。故道大,天大,地大,王亦大。域中有四大,而王居其一焉。人法地,地法天,天法道⑦,道法自然⑧。

【古文今译】

①有物混成:有物,有个物体,这里指道;混成,浑然而成,形容完整不可分割。引申为道是万事万物的综合体和本源体。

②寂兮:静而无声啊。

③廖兮:动而无形啊。

④不殆:永不停息。

⑤天地母:天地的母亲,这里引申为道是产生孕育天地万物的根源。

⑥大曰逝:无边无际地在运动。

⑦人法地,地法天,天法道:法,指效法、遵从和敬畏。人效法于地,

地效法于天，天效法于道。

⑧道法自然：法在这里不再是效法的意思，而是指规律。道法自然，就是道按照本身的规律，自然而然地运行。

———

有一个物体混然而成，它在天地形成以前就已经存在。听不到它的声音也看不见它的形体，寂静而空虚，它不依靠任何外力而独立长存永不改变，循环运行而永不停止，可以作为天下万物的母亲。我不知道用什么概念给它命名，只能勉强把它叫做"道"，再勉强给它描述一个特点叫做"大"。它广大无边而运行不息，运行不息而伸展悠远，伸展悠远而又返回本原。所以说道大、天大、地大、人也大。宇宙间有四大，而人居其中之一。人效法于地，地效法于天，天效法于道，而道则纯任自然。

【古文今解】

本章是《道德经》的核心部分。老子在本章中详细阐述了道的特点，道的运行规律，人与道之间的关系。道的诞生特点是先天地生；道的空间特点是其大无外；道的属性特点是独立不改；道的运行特点是周行不殆；道的宽泛特点是广大无边；道的运行规律是循环往复。人与道之间的关系是人来源于道，遵循于道，复归于道。

在本章中老子明确了人们认识宇宙的逻辑关系，人效法于地，地效法于天，天效法于道，而道就是整个宇宙的本源。人们认识了道就了悟了浩瀚宇宙，就会与天地自然和谐共处。

我们详细解读一下"有物混成，先天地生"这句话。

老子在本章中对道诞生的时间给出了一个可以界定的答案，那就是先天地生。这就再次说明，道是万事万物的源头，是天地的母体；同时老子又描述了道诞生的初始状态，那就是浑然而成，道与万事万物完整相融，是一个不可割裂的整体。这与老子在第十四章中所描述的道"视之不见名曰夷，听之不闻名曰希，搏之不得名曰微。此三者不可致诘，故混而为一"前后照应。同时也与第二十一章老子所描述的"道之为物，惟恍惟惚"互相印证。正是因为道的混而为一，才体现了道的博大和玄妙，也说明了老子在第一章开篇所言的"道可道，非常道"的根本原因所在。

下面，我们重点解读一下"人法地，地法天，天法道，道法自然"这句话。

在中国的传统文化中，人们有一个共识叫做"天父地母"，就是把天比作人们共同的父亲，把地视为人们共同的母亲。这充分体现了炎黄子孙对天地的敬畏之心。

正是因为上天的无私和博爱，人类才拥有了温暖阳光、瑞气祥云，从而带来了一年四季的风调雨顺；正是因为上天的宽阔和包容，才有了璀璨星空、日月交融，从而给人类带来了春夏秋冬的四季美景。自强不息是人们对上天大德的感怀，心向天空是人们对上天赐予佑护的无限深情。

正是因为大地厚重和深沉，才承载了花草树木、山川河流，从而造就了自然之美；正是因为大地的默默付出，才孕育出了五谷丰登、硕果丰盈，从而养育了芸芸众生。厚德载物是对大地的最美赞誉，双膝跪地是人们对大地表达敬重的一种虔诚。

人敬畏天父地母，而天地又效法于道，由此可见，人类敬重于大道则是理所当然。如何才能敬重于大道呢？老子给出的答案就是道法自然。人们效法于道，就是要尊重自然规律，不做逆道之事，不做违天之行。一个人若能做到"道法自然"，则是回归常识，与道一体的最高境界。

第二十五章 | 道法自然

【古为今用】

你若尊道贵德，人生道法自然。

天有天道，那就是利万物利而不害；地有地道，那就是生万物生而不有；人有人道，那就是为无为尊道贵德。

以道为尊不是坐而论道，而是起而行之。道是万法之源，道是万物之母，道是万象之始，尊道就是尊崇本源。道是宇宙运行的规律，道是天长地久的使然，道是人间伦理的纲常，尊道就是尊重法则；以德为贵不是高谈阔论，而是自修己身。德是一个人以道为尊的具体修为，或是良言一句三冬暖，或是善行一举照人间，或是知书达礼为典范。以德为贵就是从我做起，大德乃小善积之，广德乃脚步为尺。

有一位令人肃然起敬的拾荒老人叫韦思豪，他本是一名光荣退休的人民教师，完全可以用自己每月几千元的退休工资享受美好的夕阳生活。然而，这位老人却把绝大部分的退休工资用来资助贫困学生，帮助贫困孩子实现求学梦想。这位老人不是因为贫穷而拾荒，他是为了让贫困学子的生活更好一些，虽然这位老人以最低的生活角色，在大街小巷中弯腰拾荒，但是丝毫不会影响他在人们心目中的高大形象，因为在他身上有闪闪发光的宝贵精神，正是韦思豪老人以自己的实际行动践行了什么是尊道贵德，所以被全国人民所铭记和赞颂。

【"和"解本章】

本章关键词：和天和地和大道

"和"字的组成，一个"禾苗"的"禾"，寓意田地五谷丰收，加上一个"口",寓意着人人都能吃口饱饭。然而,这五谷丰登的背后是大地在孕育滋养着庄稼,所以人"与地为和"乃生命之本;大地为人类带来了有形的食物,而天空却给人类送来了无形的营养,那就是人人都离不开的宝贵空气,保护清新空气"与天相和"乃人生之本;道生万物,和与自然,人乃万物之一,理当"与道而和"。

倘若人类破坏了赖以生存的大地,污染了空气中的环境,则属于与天地为敌,与大道相悖,必将承受一切后果,因为这属于道法自然。

随笔

第二十六章

轻则失根

【古文今诵】

重为轻根①,静为躁君②,是以圣人终日行不离辎重③。虽有荣观,燕处超然,奈何万乘之主④,而以身轻天下?轻则失根,躁则失君⑤。

【古文今译】

①重为轻根:重是轻的根基,寓意厚重至德、厚德载物。

②静为躁君:静是躁的主宰,寓意静定而不浮躁妄为。

③辎重:长途旅行时必须携带的衣物用品,或是出征时必须携带的军用物资。

④万乘之主:指拥有数以万计军车的国君,寓意威势显赫的君王。

⑤躁则失君:浮躁则会妄为,人就会失去对内心的主宰。

———

厚重是轻率的根本,静定是躁动的主宰。因此君子终日行走,不离开载装行李的车辆,虽然享有荣华富贵,却能安然处之,超然物外。为什么作为一个大国的君主,却为了自身而以轻率躁动来对待天下呢?轻率就会失去根本；急躁就会让人丧失对内心的主导。

【古文今解】

老子在本章中重点论述了重与轻、静与躁的关系，主要是真诚地劝告那些万乘之主的国君，要以重为根，依道而为，厚重才能载道，才能养德；要以静为君，清净才能少欲，静定才能生慧，才能了悟道德的实质，才能透视道德的规律。

老子以终日行不离辎重的贴切比喻，来说明作为一个人，特别是一个国君每天都要保持以天下苍生为重。尽管国君享受着荣华富贵，也不能沉迷于此，要泰然处之，安然待之。千万不能因自身的好恶而轻率妄为，否则就会让自己处于无道的境地，甚至失去天下。

我们详细解读一下"重为轻根,静为躁君"这句话。

重为轻根,乃厚重至德,犹如大树之根本,建筑之基础,做人之品格。作为大树,扎根不深,风吹倒之。作为大厦,根基不牢,地动山摇。作为国君,道不深,德不厚,社稷不稳,民心则乱。作为一个人,品行不端正,处事不稳重,则会让人敬而远之,无法树立人生之品牌。

静为躁君,静定是智慧的源泉,遇大事临危不乱,遇得失宠辱不惊,遇变化随遇而安。正如宗泽《早发》诗句:"繖幄垂垂马踏沙,水长山远路多花。眼中形势胸中策,缓步徐行静不哗。"

下面,我们重点解读一下"虽有荣观,燕处超然"这句话。

荣观,指华丽富贵的生活,荣是豪华、高大的意思,观是指朝中的台楼景观。通过"荣观"一词的描述,就表明了老子本段话是讲给国君听的。虽有荣观,就是明确地劝告国君,尽管你每天都在富丽堂皇、楼台亭阁、美酒佳肴、歌舞相伴的环境中生活,但是不要只顾享受而轻慢了天下百姓。怎样才能让国君树立起重道重德重天下呢?老子紧接着说要燕处超然(燕,安也;处,居也)。就是要对荣华富贵淡然处之,不沉迷于此,时刻保持超然物外的状态。要抹去眼前的浮华,多想百姓的生活。

【古为今用】

以静立心向道,以重立身行德。

老子在《道德经》第十六章有言:致虚极,守静笃。论述了守静才能守心,守心才能向道而行,与道一体。

在当下这个三观模糊、逐利为上的空气中,若能嗅到心静,就如同有幸进入了一片没有雾霾的天地。心静,对外需要勇气,需要定力,需要抗拒诱惑的极强免疫力;心静,对内需要智慧,需要复归于朴的悟境,需要恬淡为上的精神。心静的天敌是浮躁，浮则乱飘、躁则乱动。消灭浮躁的最好方式就是脚踏实地地活好自己的当下，不好高骛远于未来。

沉稳而厚重是一个人品质的表现，也是立身的基础。坐得端、站得稳、行得正，永远保持一颗敬畏之心，这就是行德之举。道是一切发展变化的规律，而德就是遵行规律，与道同行的实修。为政明大德以天下百姓为重，为学明师德以传道解惑为重，为医明仁德以救死扶伤为重，为商明信德以诚信守诺为重。只有这样才不会被他人看轻，才能成为他人眼中的"重要人物"。

【"和"解本章】

本章关键词：心身和行则稳

每个人都希望心身合一，而实现这个的前提是心、身两者要"和"。很多时候，人的心和身是不同步的、不和谐的。有时候是心把身体甩在了后面，有的时候是身把心抛给了背影。此两种情况都会导致行则不稳重。心在前，身在后，就会产生行动追不上理想。身在前，心在后，就会在匆忙的前进中忘记当初为什么出发。这两者都是心不静、身不重的根源所致，也是立不稳、行不久的必然。

用你的心，握你的手，你是自己的良师益友！

第二十六章 轻则失根

随笔

第二十七章

常善救人

【古文今诵】

善行无辙迹①，善言②无瑕谪③，善数④不用筹策⑤，善闭无关楗⑥而不可开，善结无绳约⑦而不可解。是以圣人常善救人，故无弃人；常善救物，故无弃物，是谓袭明⑧。故善人者，不善人之师；不善人者，善人之资⑨。不贵其师，不爱其资，虽智大迷，是谓要妙⑩。

【古文今译】

①辙迹：轨迹，行车时车轮留下的痕迹。

②善言：指善于采用不言之教。

③瑕谪：过失、缺点、疵病。

④善数：善于计算。

⑤筹策：古时人们用作计算数据的器具（类似现在的算盘、计算器等）。

⑥关楗：木制门栓。

⑦绳约：绳索。约，指用绳捆物。

⑧袭明：内藏的智慧。

⑨资：取资、借鉴的意思。

⑩要妙：精要玄妙、深远奥秘。

———

善于行走（意指依道而行），就不会留下辙迹；善于言谈（意指不言之教），就不会出现过失；善于计数的，就用不着筹策；善于关闭的，就不用栓梢而使人不能打开；善于捆缚的，就不用绳索而使人不能解开。因此，圣人常善挽救人，所以没有被遗弃的人；善于物尽其用，所以没有被废弃的物品。这就叫做内藏着的聪明智慧。所以善人可以作为不善人的老师，不善人可以作为善人的借鉴。不尊重自己的老师，不爱惜他人的借鉴作用，虽然自以为聪明，其实是大大的糊涂。这就是精深微妙的道理。

【古文今解】

老子在本章中，通过"善行无辙迹、善言无瑕谪、善数不用筹策、善闭无关楗而不可开、善结无绳约而不可解"的五种现象，向我们阐述了两个为善的根本，那就是"常善救人"和"常善救物"。这是老子的大智慧，也是我们后人需要传承发扬的宝贵精神。显示了老子对每一个生命价值的充分尊重和对每一个物体存在价值的公认。因此老子说常善救人故无可抛弃之人，常善救物故无可抛弃之物。同时，老子又从辩证法的角度对善与不善进行了升华性论述：善人应为不善人的老师，从而让不善的人也能依道而善；不善的人也能为善人立下借鉴的作用，时常警醒人们应以善为本。

下面我们详细解读一下"善行无辙迹"和"善言无瑕谪"这两句话。

善行无辙迹：老子告诉我们善于依道而行，就不会留下运行的痕迹。什么是依道而为呢？为什么说依道而为则不会显示痕迹呢？天地无人推而自行，日月无人燃而自明，星辰无人列而自序，禽兽无人造而自生，此乃自然为之也，皆有自然之理、自然之道也。顺自然之理而趋，遵自然之道而行，就是依道而为，其运行规律在背后默默地发挥着作用，所以就看不到什么明显的痕迹。依道而为国则自治，人则自正。

　　善言无瑕谪：这句话的意思是说，善于言表则不会带来瑕疵。其实，老子对于善言的论述，在《道德经》中多次提到。如第二章中老子所说的"处无为之事，行不言之教"；第五章中"多言数穷，不如守中"；第十七章中"悠兮，其贵言"；第二十三章中"希言自然"等。老子所指的善言重点在于"不言""希言""贵言"。

　　不言，强调的是行胜于言。因为语言的本身具有局限性，很多事物仅仅通过语言的描述是很难完全表达清楚的。这就像老子在第一章中所讲的"道可道，非常道"；同时语言还具有歧义性，表达者的本意与聆听者所理解的意思有时候会南辕北辙。所以，最好的方式就是用依道而行的具体行为来替代表达。也就是我们经常说的"喊破嗓子，不如做出样子"。

希言，就是少说话，我们常说：言多必失。失言就会带来缺点、瑕疵、不足。在国家治理方面，少一些政令繁苛，让百姓们按照道的自然规律来生活，就体现了希言的魅力。其实，任何一个国家的治理都会有两部大法，一部是带有文字的各项法律法规，这些只能约束人们的显性行为。另一部是没有文字的"道德"二字，"道德"的作用涵盖所有，可以指导人们内心的价值观。

贵言，就是要以言为贵，就是我们常说的"金口玉言"。这里重点是在强调言出必行，信守承诺。如果一个国家朝令夕改，则会失信于百姓，如果一个企业不坚守制度的严格性，管理就会出现混乱，如果一个人经常食言，则会无法立足于社会。君子一言，驷马难追，此言才能称之为"贵言"，此人才能称之为"贵人"。

【古为今用】
领导者要常善救人，管理者要常善救物。

世不乏才，乏识才之才；人不乏能，乏用能之能。作为一个企业的领导者，在人才团队的建设上，要知道这个世界上从来不缺少人才，缺少的是发现人才的人才。任何一个人在某些领域都具有与生俱来的独特能力，关键是作为领导者是否具有调动下属发挥能力的能力。领导者要常善救人，要把目光关注到员工的闪光点上，肯定员工的优点，激发员工的潜能，打造一支有灵魂、有战斗力的团队。这样一来，就没有什么无用之人，更谈不上什么可以抛弃的人了。

作为企业的管理者则要关注到具体事物的细节了，就是把各种资源有效组合起来，充分利用资源，发挥资源的最大价值。其实，世界上没有废物，如果有的话，那是我们没有把它放到最合适的地方，一旦放对了地方，就可以实现"变废为宝"的惊人结果。就像是五谷杂粮可以成为我们的美味食物,而人们把食物利用之后,还能转化成田地里的肥料,继续发挥它的价值。

【"和"解本章】

本章关键词:和于生活自得乐

老子在本章中所言的"善行无辙迹、善言无瑕谪、善数不用筹策、善闭无关楗而不可开、善结无绳约而不可解"的五善之观,其深意在于人们不能把事物割裂地看成对立的两面,而应该看作和合一体。看成割裂的对立两面,就会带来矛盾与纷争,看作和合的统一,则会收获美好的结果。

山与水和,造就美丽景色;花与叶和,结出金秋硕果;锣与鼓和,奏响人间欢歌;你与心和,自得生活快乐。两相和,就是一幅美丽的画卷,两相和,就是一首悠扬的赞歌。这赞歌唱出了宇宙真理,这赞歌融进了我们心窝,这赞歌也唱出了大道的本色。

随笔

第二十八章

知雄守雌

【古文今诵】

知其雄,守其雌①,为天下溪。为天下溪,常德不离,复归于婴儿。知其白,守其黑②,为天下式③。为天下式,常德不忒④,复归于无极。知其荣,守其辱,为天下谷。为天下谷,常德乃足,复归于朴。朴散则为器⑤,圣人用之则为官长⑥,故大制不割⑦。

【古文今译】

①知其雄,守其雌:雄,指刚烈、强进;雌,柔静、谦下;其,指自己。知其雄,守其雌的意思是知道自己的雄强,但更需要坚守自己的柔慈。

②知其白,守其黑:知道自己内心的洁白明亮,但又在持守自己的暗昧。本句话历来争议颇多,众多对老子《道德经》研究的专家、学者,认为"知其白,守其黑,为天下式。为天下式,常德不忒"这句话是后人增添的。

③天下式:式,有两种释法,一是"式"通"栻",栻盘,古人用栻盘来确定事情该怎么做,引申为标准、法式的意思;二是"式"通"轼",车轼,古代车前面的横木(《释名·释车》:轼,式也,所伏以式敬者也)。

④常德不忒：常德，永恒的道德。忒，这里指差错的意思。常德不忒，永恒的道德不会发生差错。

⑤朴散则为器：朴，代指道；器，形而下者谓之器，指有形的万事万物。朴散则为器，是指道生发化育成万物。

⑥官长：百官之长，指国君。

⑦大制不割：真而全的完善体制，不显现割裂之象，也不能割裂。

―――

深知什么是雄强，却安守雌柔的地位，甘愿做天下的溪涧。甘愿作天下的溪涧，永恒的德性就不会离失，回复到婴儿般纯真的状态。深知什么是明亮，却安于暗昧的地位，甘愿做天下的模式。甘愿做天下的模式，永恒的德行就不会有差错，恢复到不可穷极的真理。深知什么是荣耀，却安守卑辱的地位，甘愿做天下的川谷。甘愿做天下的川谷，永恒的德性才得以充足，回归到自然本初的素朴状态。朴素本初的道可以散化成万物，有道的人沿用真朴，则为百官之长。所以完善的政治体制是不可分割的。

【古文今解】

老子在本章中，通过"知其雄，守其雌；知其白，守其黑；知其荣，守其辱"的"三知三守"行道之准则，再次充分体现了老子贵柔、谦下、纯朴的宝贵品质，也体现了"反者道之动"的核心思想。对于国君治国、对于个人修行都提供了明确的方向。

下面我们详细解读一下"知其雄，守其雌"这句话。

知其雄，守其雌：老子的这句话，用当下时髦的通俗说法就是"低调"。低调不是我们随便都能达到的境界，也不是仅仅指谦虚之意。低调的前提是一个人具有足够高调的基础（就是老子所说的"知其雄"），而不去高调，具有足够炫耀的资本，而隐去光芒。低调是一个人的智慧，是一个人的从容，是一个人的谦卑（就是老子说的守其雌）。可是，当下却有很多人本末倒置了，明明本身还不具备高调的条件，却时时处处显示自己的高高在上，唯恐别人看不到自己是一个"傻大个"。

下面我们详细解读一下"朴散则为器"这句话。

朴散则为器：朴，其本意是没有经过任何雕琢的原木，意指道，老子在《道德经》中多次用"朴"来喻"道"。朴散则为器，通俗的理解就是你把原木通过加工，就能变成你想要的任何东西，意指"道生万物"。道属于形而上的哲学范畴，器属于形而下的现实范畴；道属于隐而未显的状态（道是无），器属于显而有形的状态（器是有）；道属于浩瀚宇宙背后的运转规律，器属于人们眼前春夏秋冬的自然景象；道属于生命当中的精气神，器属于身体上的四肢百骸……老子在《道德经》第四十章中说："天下万物生于有，有生于无"；在四十二章中说："道生一，一生二，二生三，三生万物"，其归根结底就是道是万物之母、是一切的本源。一个人只要"心中有道"，自然就会"行中有德"。

【古为今用】

回归常识即入道，遵循规律自有德。

渴了就喝、饿了就吃、困了就睡，这是一个人的生理常识；宝剑锋自磨砺出，梅花香自苦寒来，这是付出与收获的常识；春有百花秋有月，夏有凉风冬有雪，这是四季变化的常识……常识，通常指小孩子都明白的道理。可是，很多时候我们还不如一个孩子。直接或间接地，有意和无意地，做出了很多违反常识的事情：有些人浮躁不安、急于求成，总是想不劳而获，铤而走险做出了违反常识的事情，其结果是悔恨难当；有些人夜不入眠、累而不休，总是在拿命赚钱，透支了生命能量，其结果是百病缠身，甚至英年早逝；有些人论道不行道，讲德不树德，其结果都是空谈：道而无道，德而无德。

尊道就是心中要始终怀着敬畏之心，敬畏天地自然的伟大规律，敬畏国家法律法规的公正权威，敬畏社会人间礼尚往来的和谐美好，敬畏自己心中对道德的了悟。其实，我们回归常识即入道，遵循规律自有德。

【"和"解本章】

本章关键词：和于道，天下兴

老子在本章中说："朴散则为器，圣人用之，则为官长，故大制不割。"万物始于道，万法归于道。圣人深切掌握了这一本质和规律，所以依道而为成为了圣人，国君遵道而行而为官长。

和于道，国泰民安，与道和，天下兴旺。作为一个国家的领袖，和于道，就是和于民心，与道和，就是为民而为。道是一个国家的精神，是一个民族的灵魂。道作为国家的有形载体就是《宪法》，所以，当我们看到习近平主席左手抚摸着宪法，右手握拳宣誓的那一庄严时刻，中华民族就在朝着光明大道前进。因为宪法是人民利益的最高体现，是中国共产党为人民服务的出发点和落脚点，维护宪法权威，履行法定职责，就是和于道的具体践行。

和于道，天下兴。同于德，民安乐。

随笔

第二十九章

无为无败

【古文今诵】

将欲取①天下而为之②,吾见其不得已③。天下神器,不可为也,不可执也。为者败之,执者失之。是以圣人无为,故无败;无执,故无失。夫物或行或随;或觑或吹④;或强或羸⑤;或载或隳⑥。是以圣人去甚、去奢、去泰⑦。

【古文今译】

①取:一是指得到,二是指治理。

②为之:主观妄为,肆意而为。

③不得已:达不到目的。

④或觑或吹:觑,通"嘘",指缓缓呼气;吹,急促用力出气。

⑤或强或羸:强,刚强;羸,柔弱。

⑥或载或隳:载,受益;隳,毁坏。

⑦去甚、去奢、去泰:甚,极端;奢,奢侈;泰,通"太",指过分。去除极端、奢侈、过分的行为。

想要得到天下和治理天下,却又要用强制妄为的办法,我看他不能够达到目的。天下的人民是神圣的,不能够违背他们的意愿和本性而加以强力统治,否则用强力统治天下,就一定会失败;强力把持天下,就一定会失去天下。因此,圣人不妄为,所以不会失败;不把持,所以不会失去。世间的人们和自然万物,有前行有后随,有轻嘘有急吹,有的刚强,有的柔弱,有的安居,有的危殆。因此,圣人要除去那种极端、奢侈、过分的做法。

【古文今解】

老子在本章中,再一次重点强调了"无为而治"思想的博大,衷心劝勉当时的当政者不能以自己的主观妄为来夺取天下或治理天下,更不能用极端的方式对待百姓苍生。

老子所处的时代,是春秋末期,不断上演诸侯争霸的残酷斗争,有些诸侯的国君意欲夺取"天下神器";有些游说之士,用尽各种谋略为各自的君王夺取天下而奔走效劳。他们的这些不道做法,都是为一己私欲的妄为之举,违背了"大制不割"的规律,老子断言,这些将欲取天下而为之的想法、做法都注定是徒劳无果的。

另外,对于圣人而言,也非常清楚世间万物都具有多面一体性:"或行或随;或歔或吹;或强或羸;或载或隳",不能以个人的好恶而强迫他人与你完全保持一致,更不能简单粗暴地用同一种方式对待一切事物,每个植物、每个事物、每个动物、每个人都有其本身的特点,让自然万物遵循其本身的规律,让世间人们按照道德的本质来生产生活,天下才能安康太平。所以,老子在本章的最后告诉人们一个原则,那就是去甚、去奢、去泰，即要除去那种极端的、奢侈的、过分的做法。

下面我们详细解读一下"为者败之，执者失之"这句话。

为者败之，并不是让人们不去作为，无所事事，消极人生，这是我们首先应该界定清楚的。这里所说的为者败之有两层含义：第一，以个人的一己私欲而肆意妄为注定会失败，因为私欲过重，性乱心狂，容易导致极端偏执，最终失败；第二，不按照事物自然规律而强行乱为注定会失败，人法地、地法天、天法道、道法自然，这是规律，任何人都不能改变的规律，你若改变规律，最终一定会被规律所改变。

执者失之，就是告诫人们，当你越是想强行把持为己所有的时候，越是容易失去。这就如同手中的沙子一样，攥得越紧，流失得越多。只有轻轻地捧在手中，才不会流掉。其重点是对国君掌控江山社稷的一种启发，社稷之功要以道为尊，对待万民要以柔为贵。反之，如果仅仅为了想长久把持君王之位而强行妄为，不择手段，暴政轻民，那么就一定会失去百姓的拥护，君王之位也自然就会失去。

第二十九章 无为无败

【古为今用】

去除甚、奢、泰，合道则长久。

凡事有度，过则为灾。世间万事万物，都有其自身规律，倘若以个人之欲强行改变其规律，注定徒劳无功，且会给人带来灾难。药能医病，也要适量，否则不但对医病无益，反而对身体有害；车能代步，也要掌控速度，否则不但到达不了目的地，反而容易发生车祸；人生需要快乐，但是过度贪求享乐，反而会乐极生悲。所以，人们要去除一切骄奢淫逸，去除一切极端行为，对待事情不能完全绝对化。

笔者曾经遇到过一位企业领导者，他看到办公纸张有浪费现象，于是就制定了一个严格的《办公用纸领用制度》，制度上明确规定，领用纸张要先填写申请表说明用途，领用经办人签字、部门负责人签字、最后自己签字同意后方可领用纸张。他曾为自己采取的这一严格管理而沾沾自喜，因为经过这位企业领导者的估算，此项制度实施后，每年能为企业减少用纸开支几百元。笔者对这位企业领导就他的这个"英明决策"发表了不同意见：反过来想一想，领用几张办公用纸都要三个人签字，还要填写申请表，企业的管理程序增加了，效率自然就降低了，极大地浪费了时间成本（特别是重复占用领导人的时间）。这最终的结果是利大于弊还是弊大于利呢？答案是可想而知的。这就是在企业管理方面不小心违反了"过则为灾"的原则。

【"和"解本章】

本章关键词：和于规律同于道

　　天地自然有其道，人人皆要遵循，治国齐家各有宗，人人不可违背。道虽不言不语、无声无形，但却立于天地之间，隐在你我心中。依道而行，自得其乐，背道而为，自食其果。

　　为官之道，为民而为，国泰民安乐；为商之道，诚信经营，事业自兴旺；为师之道，厚德为范，育德才贤能；父母之道，言传身教，弘扬家风，得子孝孙贤；为人之道，三观本正，活一世清明。

　　和于规律同于道，从点滴践行。

第三十章

物壮则老

【古文今诵】

以道佐人主①者，不以兵强天下，其事好还②。师之所处，荆棘生焉。大军之后，必有凶年。善有果而已③，不敢以取强④。果而勿矜，果而勿伐，果而勿骄，果而不得已，果而勿强。物壮则老⑤，是谓不道，不道早已⑥。

【古文今译】

①佐人主：佐，辅佐；人主：指国君。

②其事好还：其事，指兵事，以战争称霸天下的所作所为之事；好还，容易还报，侵犯他人的行为一定会被他人以同样的方式回击。

③善有果而已：真正善于战争的正确做法是，不强行发动侵略战争，即便他人侵犯了自己不得已而应战，也要在达到自卫的目的后即刻停止。

④不敢以取强：不要强行冒进地夺取。

⑤物壮则老：任何事物只要太过强壮了，就会趋向衰老。

⑥不道早已：不道，指不遵守大道；早已，早早地衰亡。

依照"道"的宗旨辅佐君主的人，不以兵力逞强于天下。穷兵黩武这种事必然会得到报应。军队所到的地方，荆棘横生，大战之后，一定会出现灾荒之年。善于用兵的人，只要达到用兵的目的就要即刻停止，千万不可以兵力强大而逞强好斗。达到目的了不要自以为贤能，达到目的不能自以为是，达到目的不要引以为傲，达到目的要感到是出于不得已，达到目的更不要去逞强。事物过于强大就会走向衰朽，太过强为就说明它不符合于"道"，不符合于"道"的事物，就会很快消亡。

【古文今解】

老子在本章中谈到了"战事"，旗帜鲜明地表达了对战事的态度，老子对战事的观点就是"以道佐人主者，不以兵强天下"。为什么不以兵强天下呢？第一是因为"其事好还"；第二是因为战事对百姓而言的结果是无比悲惨的，悲惨的情景就是"师之所处，荆棘生焉，大军之后，必有凶年"。所以老子对于战事的结论是"善有果而已，不敢以取强"，倘若强行发动战争，就是不遵守大道的行为，不遵循大道和平的宗旨，其最终的下场就是早早地衰亡。

下面，我们重点解读一下"以道佐人主者，不以兵强天下"这句话。

春秋末年，各种无义之战频繁发生，可以说是此起彼伏。究其原因，是很多文臣武将以"不道"的方式来辅佐国君。这些文臣武将们为了能彰显自认为的"文韬武略之贤能"，向各自的国君出谋划策，挑起战事，凭借战争而达到自己追名逐利的私欲。持续不断的战争给天下苍生带来了巨大的灾难。仔细读一读史书，至今你还会隐约听到那无数战死沙场冤魂的呐喊，还有其妻儿老小撕心裂肺的哭泣。

纸上谈兵是我们常用的一个成语,就在这个成语的背后却埋葬了赵国四十万将士的幽灵;还有让人不忍提及的南京大屠杀,三十万人的生命被战争无情地夺去;据有关资料显示,第二次世界大战是历史上死伤人数最多的战争,各个参战国合计共有约6000万人死亡,1.3亿人受伤,合计死伤1.9亿人。这些痛心疾首的数字背后,是血流成河、尸骨遍野的惨烈之状。而老子所处的春秋时期,各国之间发生的大小战争约480余次,先后有五个诸侯相继称霸。齐桓公、晋文公、秦穆公、宋襄公、楚庄王,这五霸之称的背后,有多少将士埋骨他乡,有多少百姓生灵涂炭,真是让人不敢回想。

所以,老子斩钉截铁地说:以道佐人主者,不以兵强天下。由此可以看出老子是一个倡导和平的大使,是一个尊重生命的圣人,是一个坚决反对战争的智者。老子严正地警告那些"不道"的人,要回归正道,以大道为纲来辅佐人主。

下面，我们再解读一下"果而勿矜，果而勿伐，果而勿骄，果而勿强"这句话。

老子在这里劝诫那些用兵者，要做到善用兵，善用兵的最高境界就是"果而四勿"，就是取得了成果即可停止战事，不要再自逞贤能，不要再自我夸耀，不要再显得骄傲，不要再妄为冒进。

此刻，笔者情不自禁地想到了日军侵华战争中，那两个罪大恶极的日本兵向井敏明和野田毅，他们两个竟然以杀人为乐，并进行惨无人道的杀人比赛，每个人罪恶的刀上都沾染了上百名中华儿女的鲜血。当然，正义的抗战最终获得了完全的胜利，在抗战胜利后的1947年12月18日，国防部审判战犯军事法庭在中山东路307号励志社大礼堂对向井敏明和野田毅进行公审。向井敏明和野田毅这两个大逆不道之徒自食其果，于1948年1月28日，被押往雨花台刑场执行死刑。这就是老子所说的"其事好还"和"不道早已"。

【古为今用】

人生不可太强势，留下空间容己身。

中国自古有句话叫：得饶人处且饶人，冤家宜解不宜结。就是告诫人们不可太强势，给他人留下空间其实也是给自己留下后路。

安徽桐城的"六尺巷"佳话值得我们学习。康熙年间的一天，文华殿大学士兼礼部尚书的张英，收到一封家信，信中说家里因为建房的地皮问题和邻居产生纠纷，家人在信中隐约提出让张英以官位来压制邻居的意思。张英沉思再三提笔写下："千里家书只为墙，让他三尺又何妨。万里长城今犹在，不见当年秦始皇。"

家人接到张英的书信后，理解了张英以和为贵的退让思想，马上主动将要修建的院墙退后三尺，而邻居知道这个情况后，也主动地退后了三尺，于是就有了安徽桐城"六尺巷"，这个以和为贵的故事被后人传为佳话。

【"和"解本章】

本章关键词：以和为贵天下安

凡事以和为贵，不可刀兵相见，这是历代明君圣贤都遵循的有道之举。老子崇尚和平之道，墨子倡导兼爱非攻，就连伟大的军事家孙武也说："故国虽大，好战必亡。"

人与人之间的逞强斗勇，最终会导致两败俱伤，所有人和睦相处，社会自然和谐；国与国之间的武力进犯，最终会导致百姓遭难，所以国与国和平相待，世界自然安定。习近平主席向全世界倡导"人类命运共同体"的理念当属人间正道，"一带一路"倡议的提出，当属践行此理念的实际行动。爱好和平、维护和平彰显了中华民族的优良传统，珍爱和平、永不称霸彰显了中国的大国风范。

在当下经济全球化、世界一体化、彼此互融化的历史时期，让和平的歌声唱响全世界才是主旋律，也是永远的主旋律。

随笔

第三十一章

恬淡为上

【古文今诵】

夫佳兵者,不祥之器①。物或恶之②,故有道者不处。君子居则贵左③,用兵则贵右。兵者,不祥之器,非君子之器。不得已而用之,恬淡为上④,胜而不美。而美之者,是乐杀人。夫乐杀人者,则不可以得志于天下矣。吉事尚左,凶事尚右。偏将军居左,上将军居右,言以丧礼处之。杀人之众,以哀悲泣之⑤,战胜,以丧礼处之。

【古文今译】

①夫佳兵者,不祥之器:夫,语气词;佳,好,引申为强大的意思,另有说法是"佳"同"唯",语气词。夫佳兵者,不祥之器,兵器啊,是不吉祥的东西。

②物或恶之:就连不会说话的物品都讨厌兵器,强调人们都不喜欢兵器。

③君子居则贵左:居,平居、平时;贵,以……为贵;左,人们面南而立,左方为阳,表示尊贵之位。君子居则贵左,指君子平时居住以左方为贵。

④恬淡为上：恬淡，不追求名利，内心宁静淡泊。

⑤哀悲泣之：以沉重的心情莅临阵亡者的丧礼。

兵器啊，是不祥的东西，人们都厌恶它，所以有"道"的人不使用它。君子平时居处就以左边为贵，而用兵打仗时就以右边为贵。兵器这个不祥的东西，不是君子所使用的东西，万不得已而使用它，最好淡然处之，胜利了也不要自鸣得意，如果自以为了不起，那就是喜欢杀人。凡是喜欢杀人的人，就不可能得志于天下。吉庆的事情以左边为上，凶丧的事情以右方为上，偏将军居于左边，上将军居于右边，这就是说要以丧礼仪式来处理用兵打仗的事情。战争中杀人众多，要用哀痛的心情表达对牺牲将士的敬意，就算是打了胜仗，也要以丧礼的仪式去对待敌方阵亡的将士。

【古文今解】

老子在本章中再次谈到了"战事"，在上一章中老子旗帜鲜明地表达了"以道佐人主者，不以兵强天下"的主张。而这一章老子则进一步论述了倘若在不得已的情况下真正发生了战争时，应该如何对待的问题。老子给出的答案是："恬淡为上"，即对待战争要淡然处之，胜利了不要自鸣得意，同时对战争中敌我双方死去的将士都要具有悲哀之心，以表达对生命的尊重和敬畏。

下面，我们重点解读一下"君子居则贵左，用兵则贵右"这句话。

为什么说君子居则贵左呢？古时候人们建造房子的时候，房子的大门要朝南，而此刻房子的左边就是东方了，东方是太阳升起的地方，属于阳位，阳位则为贵；右边就是西方，西方是太阳下落的地方，属于阴位，阴位则为卑下。所以就有了左阳右阴的礼节，现在的人们在座次排位上也一直延续这样的传统习俗，宴请宾客时左为上宾等。老子说，当安居乐业的和平时期，人们以左为贵，但是，当战争时期，为了表达人们对战争的痛恶（但凡发生战争，总会有将士乃至百姓死去）则以右为贵，因为右方属于卑下的阴位。老子就是劝诫大家要以和为贵，要懂得"吉事尚左，凶事尚右"，尽可能地避免战争的发生，让百姓们回归安居乐业时以左为贵的生活中。

下面，我们再解读一下"胜而不美，而美之者，是乐杀人"这句话。

老子在本章中所言的"胜而不美，而美之者，是乐杀人"，与上一章所言的"善者果而已，果而勿矜、果而勿伐、果而勿骄"前后呼应。再次表达了老子对兵事的主张乃"恬淡为上"。

在对待战争的事情上，老子不但强调了不要以胜为美、不要以杀人为乐，同时也强调了"杀人之众，以哀悲泣之，战胜，以丧礼处之"的伟大思想，这也表达了老子尊重生命的"贵生"核心。因为，战胜了也没有什么可以"为美"的，其主要原因有以下三点。

第一点，对于战争的发生有两种情况，一是主动进犯者，一是被动守卫者。进犯者发动战争本身就是不道的表现，这种行为"物或恶之"，又有什么可以为美的呢？作为守卫者，拼死杀敌而取胜，保卫了国家的安全，但无数忠勇将士血染疆场，付出了沉重的代价，这又有什么为美的呢。第二点，对于战争，老子在三十章中有言："以道佐人主者，不以兵强天下，其事好还。""其事好还"，就是说不道者发起战争侵略他国之举，总会得到他国以同样的方式回击。也就是"以其人之道还治其人之身"。从这个角度而言，今天你一时战胜、一城得取，就意味着明天可能遭到对方反击，这又有什么可以为美的呢？第三点，胜败乃兵家常事，无需以胜为美，因为骄兵必败。

【古为今用】

遵道之国以和为贵，世界一体怎能相残。

翻开历史，纵览古往今来，无数次残酷的战争背后没有一个真正的胜利者，因为杀敌一千自损八百，所谓胜利的旗帜高高飘扬，那也是踩着众多死去将士的尸骨插在城头的；所谓的胜利也是黎民百姓饱受战争之苦的巨大代价换来的；所谓的胜利也可能为下一次受到对方更大的反击埋下了隐患的种子……

回看太平洋战争中的"珍珠港事件"，1941年12月7日清晨，日本海军的航空母舰舰载飞机和微型潜艇突然袭击美国海军太平洋舰队在夏威夷基地珍珠港以及美国陆军和海军在瓦胡岛上的飞机场，由于美军毫无防备，导致仓促进行自卫。此次战役日本炸沉了美国四艘战列舰和两艘驱逐舰，炸毁188架飞机，攻击中约有2400名美国人丧生，另有1250人受伤。

然而，这场看似日本获得的巨大胜利，也为自己埋下了战争灾难的种子：1944 年，美军对楚克岛发动了空袭，击沉了日军 12 艘各类大小战舰以及 32 艘商船，炸毁了近 300 架飞机，空袭导致 3000 余名日本海军士兵被炸死。这次空袭让美军大出了一口恶气，空袭后的楚克岛满目废墟，就跟当年被袭击的珍珠港一样；在 1945 年 8 月 6 日和 9 日这两天，美国的两颗原子弹先后轰炸了日本的广岛和长崎。广岛、长崎两地的军人、平民的死伤人数数以万计。

这些历史严正地告诉了我们一个道理：兵者，不祥之气，有道者不处也。尊道者以和为贵，天下一家亲；不道者，好战必早亡。

【"和"解本章】

本章关键词：和于人类命运共同体

人类只有一个地球，各国共处一个世界，国际社会日益成为一个我中有你、你中有我的"命运共同体"。任何国家在任何时候都不能以任何理由发动战争。人类不需要战争，世界不欢迎战争，我们不仅拒绝军事战争的发生，我们也拒绝诸如各国之间的贸易战争、文化战争等一切形式的争端发生。世界和平，人类和睦，自然和谐才是永远的主题。

中国一直以来倡导"和文化"，推崇"和思想"，信奉"和为贵"，遵循"和之道"，践行"和之德"。为推动人类命运共同体走向更加美好的未来积极地贡献着中国智慧、中国方案、中国力量。从亚投行的建设到"一带一路"的实施都彰显了中国人和于人类的大国风范。正如习近平主席在 2018 年 4 月 10 日博鳌亚洲论坛上的讲话所言：中国始终是世界和平的建设者、全球发展的贡献者、国际秩序的维护者。

第三十一章　恬淡为上

随笔

第三十二章

道常无名

【古文今诵】

道常无名,朴①虽小②,天下莫能臣也③。侯王若能守之,万物将自宾④。天地相合以降甘露,民莫之令而自均⑤。始制有名⑥,名亦既有,夫亦将知止。知止可以不殆⑦。譬道之在天下,犹川谷之于江海⑧。

【古文今译】

①朴:指原木,即木之未制成器者,老子用朴来比喻道是一切的本源。

②小:"道"是隐而未显的,"道"是隐含在万事万物之中的,"道"是其小无内的,老子用小来说明道的一个显著特点。

③天下莫能臣:天下没有谁能使它(指道)臣服于自己。

④万物将自宾:万物将会自然而然地归从于道。

⑤民莫之令而自均:人们不需要去指使它,甘露也会均匀地润泽万物。

⑥始制有名:万物兴作,于是就产生了各种名称。

⑦知止可以不殆:知止,就是行事要适可而止,适可而止就会避免危险。

⑧譬道之在天下,犹川谷之于江海:"道"存在于天下,就像宽阔包

容的江海，一切河川溪水都归流于它。

———

"道"永远是无名而质朴的，它虽然小不可见，但天下没有谁能使它臣服自己。侯王如果能够依照"道"的原则治理天下，百姓们将会自然地归从于它。天地间阴阳之气相合，就会降下甘露，人们不必指使它，甘露会自然均匀地润泽万物。万事万物的兴作都有各自的名称。有了具体的名称，也就有了其特定的范围和限制，我们在行事的时候就应该适可而止，若能适可而止就没有什么危险了。"道"存在于天下，就像宽阔包容的江海那样，一切河川溪水都归流于它，使万物自然宾服。

【古文今解】

老子在本章中再次谈到了道的特点和遵道的意义，本章所描述的道有三大特点。

一是"道常无名"，这一点老子在第一章中有先述"道可道，非常道，名可名，非常名"。为什么道常无名呢？老子随即给出了答案，就一个字"朴"。"朴"是指没有经过任何雕琢的原木，也就是说这原木还没有制作成任何器具，所以没有办法进行命名。此论与老子在第二十八章所言的"朴散则为器"相互对应。

二是道"小"。其实道具有其大无外、其小无内的统一性，在第二十五章，老子描述了道具有其大无外的特点：吾不知其名，强字之曰：道，强为之名曰：大。大曰逝、逝曰远、远曰反，故道大、天大、地大、人亦大。而在本章中，老子重点描述了道的另外一个特点就是"小"。关于老子对道"小"的描述其实在前面的第十四章中也有描述："视之不见名曰夷、听之不闻名曰希、搏之不得名曰微"。同时老子在第二十一章中对道的描述也体现了小的特点:"道之为物,惟恍惟惚",就是"小"到恍恍惚惚看不清"道"。这里需要强调的是,老子所说的小,蕴含了另外一层意思就是"小就是大",有道的圣人具有谦卑、处下、为小而不自大的品格,第三十四章有言:以其终不为大,故能成其大。

三是道的基因具有不可被人们主观改变的秉性,道虽然无名、虽然微小,但是"天下莫能臣"。也就是说天地万物只有遵道,才能自然有序地运行,倘若违反道的规律,一定会自遗其咎。因此,老子向侯王治理天下给出了一个中肯的建议:侯王若能持守大道,百姓们自然就会归从,就像天降雨露一样,不需要谁的刻意指使和命令,雨露自然均匀地润泽万物。

下面,我们重点解读一下"始制有名,名亦既有,夫亦将知止。知止可以不殆"这句话。

天地万物在创生之后,人们就会对其性状和性质有了认知,并为了更好地把万事万物进行区别,人们就会给它们起上各种概念和名字。既然有了名字,就有了其自身的边界,就应该遵循各自的运行规律。作为世间众生也是一样,每个人都有自己的角色,都应该遵守各自角色的约束,做任何事情都要懂得知止,不可无知妄为地逾越边界。把守住自己内心的欲望不脱缰,遵守住事物发展的本质规则,才可以让人生安稳无危险。例如,作为医生,要守住治病救人的为医之道,为患者解除病痛,让病人重获健康是医者的本分,千万不能为了逐利之欲而做出小病大治、过度医疗等违道之举,否则就会带来医患之间的深刻矛盾。

【古为今用】

心中有道走天下,行中有德立人间。

老子在本章中说:譬道之在天下,犹川谷之于江海。这句话再次充分体现了老子高深的智慧。自然万物,依道而生,依道而成,依道而止,依道而归。万物与道的关系,恰如川谷与江海的关系一样。大海处于卑下之位,平静而不争上游,但却能容所有川谷之水,川谷之水居上位而奔向下方,不需要其他的强加干涉,自然而然地汇入大海。所以大海才是百谷之王。

人生一世亦是如此,只要心中有道、遵道守道,走天下、创伟业自得多助、自有善果。只要行中有德,时时讲德、处处行德,在人间、立于世自有人敬。

【"和"解本章】

本章关键词:和于人生逻辑,成于人生梦想

笔者曾在一篇文章中看到这样一句话:人生逻辑永远大于商业逻辑。甚是认同。

当下,有一种流行性的病毒到处蔓延,此病毒叫"成功学"。很多所谓的名家大师、专家大咖都在极力地宣扬成功的捷径,他们鼓响以最快的速度帮助他人实现梦想的幌子,借助这"冠冕堂皇"的理由,做出了极其荒诞的惑众之举。这些偏道离德的行为,让许多急于求成的无知人们进入了近乎疯狂的境地。导致社会风气的不正,扭曲了人生的三观,甚至带来了很多让人痛心疾首的不良后果。

其实,遵循天地之道,和于人生逻辑,才是真正的成功之路,才是少走弯路的真正捷径。正如老子在五十三章所言:大道甚夷,而民好径。和于人生逻辑,就是走正道,做正大光明有价值的事;和于人生逻辑,就是脚踏实地,一步一个脚印地辛勤耕耘;和于人生逻辑,就是回归常识,遵守自然规律。

所有的成功都是脚踏实地奋斗出来的,所有的幸福都是撸起袖子加油干的结果。除此之外,别无他法!

随笔

第三十三章

自知则明

【古文今诵】

知人者智,自知者明。胜人者有力,自胜者强①。知足者富,强行②者有志,不失其所者久,死而不亡③者寿。

【古文今译】

①自胜者强:能够战胜自己才是真正的强者。
②强行:坚强力行,坚持不懈。
③死而不亡:生命已逝,精神仍存者为死而不亡。

能了解、认识别人叫做智慧,能认识、了解自己叫自知之明。能战胜别人只能证明有力量,能管控自己才称得上真正的强者。知道满足的人就是富有的人。坚持力行、努力不懈的人就是有志之人。不离失本分的人就能长久不衰,身虽死而"道"仍存乃是真正的长寿。

【古文今解】

老子在本章中主要阐述了个人修行之道，从知人到自知，从胜人到自胜，以层层递进的逻辑为人们的个人修行指明了方向。提出了自知者明、知足常乐的道理。老子通过对"不失其所者久，死而不亡者寿"的论述，引导人们进入对生命终极价值层次的深度思考。

下面我们重点解读一下"知人者智，自知者明"这句话。

人生于世，"知人"是必修课，对于家庭中的亲人、事业中的伙伴、人生中的朋友等，我们必须了知他们的特性。自古以来，无论是国家君主还是文人贤士，无论是江湖侠客还是商界精英，无论领导者还是被领导者，都需要有知人的智慧。知人不是为了与他人玩弄心机，而是为了更好地知人善任、知人善敬、知人善处。

孔子在《论语·为政》中曾说过："视其所以，观其所由，察之所安，人焉廋哉？"意思是说想要了解一个人，应看他言行的动机，观察他所走的道路，考察他安心干什么，如此，这个人怎能隐藏得了呢？《庄子·列御寇》有言："君子远使之而观其忠，近使之而观其敬，烦使之而观其能，卒然问焉而观其知，急与之期而观其信，委之以财而观其仁，告之以危而观其节，醉之以酒而观其侧，杂之以处而观其色。九征至，不肖人得矣。"诸葛亮有知人七法：即"一曰，问之以是非而观其志；二曰，穷之以辞辩而观其变；三曰，咨之以计谋而观其识；四曰，告之以祸难而观其勇；五曰，醉之以酒而观其性；六曰，临之以利而观其廉；七曰，期之以事而观其信。"

真正正确全面地认知他人不易，但是更难的是能够清晰地认识到自己的优点和不足。很多英雄豪杰都曾因为不自知而最终落得失败的下场。故《吕氏春秋·告己篇》有言："败莫大于不自知"；著名影视演员李连杰先生也曾感慨："常问自身长短处，更能登上一层楼"。

第三十三章 自知则明

为什么自知那么难呢？因为人们内心定力不足，修为不够，识道不清。有的人过于自大而妄为，有的人过于自卑而颓废。其实很多著名的历史人物，也曾深陷迷茫，无法自知。奥地利的哲学家维特根斯坦，写出了令人惊叹的不朽名著《逻辑哲学导论》，但他仍然认为自己缺少哲学才能。曾有一天深夜前去敲开罗素的房门，失望地问罗素："我是不是个白痴？我到底能不能从事哲学事业？"

需要我们警惕的是，当下总会有很多人由于没有自知之明，过于放大自己的能力，一头扎进了一个过高的人生目标，每天为这个不切合实际的虚梦而疲惫不堪地追逐着，他们迷失了真实的自我，把自己幻化成了一个多姿多彩的泡影，在孤独和困苦中漂浮、挣扎。

下面我们解读一下"胜人者有力，自胜者强"这句话。

人生是否真正强大，并不在于你能否战胜所有人，成为天下无敌，而是在于你能否战胜自己，掌握自己的命运，做自己人生的主人。古人有句通俗易懂的话叫"破山中贼易，破心中贼难"，说的就是这个道理。有些心理辅导老师，在为别人解惑开悟时游刃有余，但当自己遇到人生的困惑时却无法自解。

其实，战胜自己，就是要战胜自己的欲望，不能被欲望过度地驱使，那些贪赃枉法之徒都是欲壑难填惹的祸；战胜自己，就是要战胜自己的脆弱，不能被一时困难击倒而一蹶不振，那些跌倒之后的精彩重起更值得钦佩；战胜自己，就是要战胜自己的无知，不能因无知的冲动而胆大妄为，那些所谓的狂人，因为心中没有敬畏往往带来终身遗憾。故欲练神功，必先自攻。

【古为今用】
做知足的"富人"，当有志的"强人"。

老子在本章中讲到："知足者富，强行者有志"。这两者放到一起解读，看上去似乎有点矛盾，既然知道知足为富了，干嘛还要立志强行呢？其实老子的智慧当然不在于这些表面的理解，而是另有一番深意在其中。

老子所倡导的知足者富，就是告诉人们要有戒贪之心，要有节欲之心，不能一味地为了追逐个人的财富、名誉、权贵而不知止。在把一切个人利益淡然处之之后，更要牢记自己善利众生的伟大使命，更要去实现人生的一番作为。有的人过着粗茶淡饭的生活，但却在为民谋福的伟大事业中鞠躬尽瘁，有的人放弃了繁华的都市生活，但却致力于贫困山区的振兴，有的人自己过着简朴的生活，但却积极地资助着他人的梦想。这才是知足者富，强行者有志。

笔者曾经多次到医院讲解关于"尊医道，守医德"方面的课题，因此结识了很多同道中的院长，他们每天的生活很简单，一日三餐消费区区几十元，穿戴几乎每天都是白大褂，但是却表现出了孜孜不倦的进取精神，他们牢记自己治病救人的从医初心，为了患者的生命健康，每天的工作时间超过15个小时，他们表现出来的这种务实苦干的奋斗精神，就是知足者富和强行者有志的具体体现。

强行者有志，另一层含义就是以尊道贵德为本，坚持不懈地致力于善于利他的光辉事业。在当下急于求成的社会环境中，能具有极大的耐心，踏踏实实专注于某一领域的人所见不多，社会上缺少工匠精神和勤奋耕耘的务实精神。有句话叫有志者立长志，无志者常立志。老子所言强行者有志，就是在强调要做一个有志者立长志的人。

【"和"解本章】

本章关键词：和道同在当为寿

著名作家臧克家在《有的人》这首诗中写道：有的人活着，他已经死了；有的人死了，他还活着。用臧克家的这几句诗，来解读老子在本章中所言的"不失其所者久，死而不亡者寿"，甚为恰当。

不失其所者久，就是不迷失自己立身处世的根基，其根基就是老子所言的要有知人之智，要有自知之明，要有知足之心，要有强行之志，要有道之敬畏，要有德之言行。这样的圣贤之士立世而正、立业而成、立言而铭，则可实现人生的圆满。就像伟大的圣人老子一样，弘扬大道之学，传播道德精神，让2500年前的《道德经》智慧在当下依然熠熠生辉，中华儿女乃至世界人民都在吸收着《道德经》丰富的营养。

和道同在当为寿。

第三十四章

大道氾兮

【古文今诵】

大道氾兮①，其可左右。万物恃之而生而不辞②，功成不名有③。衣养万物而不为主④，常无欲⑤，可名于小⑥；万物归焉而不为主，可名为大。以其终不自为大，故能成其大。

【古文今译】

①大道氾兮：氾，《说文》："滥也。"引申为广泛之意。大道氾兮，大道像浩瀚无边的水一样广泛流注。

②不辞：不推辞。

③不名有：不占有、不己有。

④不为主：不作为主宰。

⑤常无欲：遵道而行，无私欲。

⑥可名于小：道之"渺小"，无形可见、无声可闻、无状可观。

大道像无边无际的流水一样广泛流行，上下左右无所不到。万物依赖

道生长，而道从不推辞，道完成了滋生万物的功业，而不占有名誉。道养育万物而不自以为主，可以称它为"小"，万物归附而不自以为主宰，可以称道为"大"。正因为他不自以为伟大，所以才能成就它的伟大、完成它的伟大。

【古文今解】

老子在本章中再次谈到了道的形态、道的品格。道的形态如同无边无际的流水，润泽于天下万事万物。道的品格有三个显著的特点：一是万物恃之以生而不辞，二是功成而不名有，三是衣养万物而不为主。老子在本章的最后揭示了不自为大方能成其大的真理。

下面我们重点解读一下"大道氾兮,其可左右"这句话。

大道广泛而存,如同无边无际的流水,无处不在,自然无为,成就万物。浩瀚宇宙间因为有道的存在,星辰才有序而列;大美自然界,因为有道的存在,才有春夏秋冬的四季而序;烟火尘世中因为有道的存在,才有了彼此之间的和谐而处……道极大极大,大到无所不包,道极小极小,能入万物之中;虽然大道无痕、大象无形,但我们还是能感觉到道的运动规律。笔者认为,道就像自然界的风一样,我们看不到风的样子,但是我们会通过树叶的摆动感知到风的存在。因此,就有了国风、党风、家风,就有了风尚、风气、风俗。遵道而为就会一帆风顺,逆道而行如同顶风违纪。

下面我们重点解读一下"以其终不为大,故能成其大"这句话。

老子在《道德经》中的核心观点就是"反者道之动",为此我们可以在很多章节中看到有关反者道之动的句子,如本章中的"以其终不自为大,故能成其大"这句话;第七章中论述的"以其不自生,故能长生";第六十六章中论述的"以其不争,故天下莫能与之争"……以其终不自为大,故能成其大。这句话蕴含了老子高等的哲学智慧。第一,任何人都不能妄自尊大,否则别人反而会把你看扁;任何事情都不能过度贪大,树大易招风;第二,只有把保持谦卑的心态,把一件一件的小事情做好了,才能不断成就大事业;第三,尽管成就已经很大了,我们依然要保持"小"的风格,做一个低调的人。

【古为今用】

衣养不为主,做智慧父母。

本章描述了道的三大品格:一是万物依道生长而道从不推辞;道完成了滋生万物的功业而不求名誉;道养育万物而不主宰万物。作为父母对孩子教育方面，理应从本章中开悟智慧。

当孩子不听话的时候，很多家长会说：生你养你容易吗？现在你翅膀硬了，竟然敢不听家长的话……其实，这样管教孩子的结果往往事与愿违。第一，作为家长，我们应该清楚，随着孩子年龄的增长，他们会逐渐形成自己的人生观和行事风格，他们有选择做什么和不做什么的权利，他们更有按照自己的方式去做事情的内动力。所以，我们不能强求孩子一定要听父母的。第二，当父母过度地干预孩子考什么学校、找什么工作、处什么对象等，孩子会感觉到一种压抑感和被迫感，这就会导致孩子内心的叛逆，从而使家长与孩子的关系愈发紧张。

父为天、母为地，父母应该给孩子创造天地间的自由；引导但不主导、献策但不决策，父母应给子女更多选择的自主；家长以道立言，子女以德立家，这样才能传承优秀家风。这就是老子所倡导的衣养万物而不为主的思想。

【"和"解本章】

本章关键词：和于道者不为主

老子《道德经》本章中再次阐述了道生万物而不辞，道养万物而不为主的伟大。老子倡导道不主宰万物的精神，是为了引导当时各诸侯国的国君效法于道，消除强烈的占有欲。

春秋末年，各诸侯国之间为了称王称霸，争强夺大，表现出了强烈的占有欲和主宰欲，宣称"普天之下，莫非王土"。在欲望的驱使下，黎民百姓陷入了战火纷飞的深渊，导致民不聊生、苦不堪言。其实，这些都是不道之举。随后，老子给出了有道之举的正确做法应该是"以其终不自为大，故能成其大"。

道之博大，因为不做主宰者，人之渺小，因为总有占有欲。

第三十五章

道淡无味

【古文今诵】

执大象①，天下往；往而不害，安平太②。乐与饵，过客止③。道之出口，淡乎其无味④，视之不足见，听之不足闻，用之不足既⑤。

【古文今译】

①执大象：执，遵守、保持；大象，大道。
②安平太："太"通"泰"，平和、安泰。
③乐与饵，过客止：美好的音乐与食物，可以吸引他人停下行走的脚步。
④道之出口，淡乎其无味：大道讲出来，平淡无味。
⑤用之不足既：它（指道）的作用无穷无尽。

———

谁掌握了那伟大的"道"，普天下的人们便都来向他投靠。向往、投靠他而不互相妨害，于是大家就安泰、和平、宁静。美好的音乐和食物，往往使过路的人都为之停步，用言语来表述大道，是平淡而无味的，看它，看也看不见；听它，听也听不见；用它，它的作用却是无穷无尽的。

【古文今解】

下面我们重点解读一下"执大象，天下往。往而不害，安平太"这句话。

"执大象，天下往"，其意就是遵守并保持大道，天下百姓则会自然归依于你，追随于你，遵从于你，尽管天下都向往而归，但是彼此却和睦相处，善利与他，互不伤害，因此就会呈现出一派祥和安泰的美好景象。

纵观当下的世界格局和大势，中国向世界表达了执大象的胸襟：亚投行从2013年10月2日习近平主席提出筹建的倡议，到2018年6月亚投行成员总数达到87个国家和地区，惠及了整个亚洲；"一带一路"旨在借用古代丝绸之路的历史符号，高举和平发展的旗帜，积极发展与沿线国家的经济合作伙伴关系，共同打造政治互信、经济融合、文化包容的利益共同体、命运共同体和责任共同体；2018年4月10日，在海南省举行的博鳌亚洲论坛年会上，习近平主席再次强调中国开放的大门不会关闭，只会越开越大。积极倡导各国人民同心协力、携手前行，共创和平、安宁、繁荣、开放、美丽的亚洲和世界。

这些思想、这些行动都深刻地反映了中国作为一个具有5000年悠久文化历史的大国，向世界积极贡献着中国的担当精神，贡献着中国的智慧，贡献着中国的力量。充分体现了中国在全球人类命运共同体建设中的执守大道、践行大道、弘扬大道的伟大思想。

下面我们重点解读一下"乐与饵，过客止。道之出口，淡乎其无味"这句话。

美好的音乐与美食，总能让行走的人们停下脚步来享受，与此相对应的大道总是感觉到其平淡朴实，无味，无声，无相，无状，但是人们只要遵道、守道、用道，道就能展现出其无穷的魅力。

老子用这极其简单易懂的语言把道家倡导的"无为"思想，与儒家倡导的"礼乐"规制进行了对比。就像世上内容最丰富的书就是无字天书，因为是无字之书，所以可以是任何文字；就像世界上最严厉的法律，就是人们的良心，不违反良心，就不会去违法。

【古为今用】

坚守无形的大象，终得有形的成果。

著名的医院管理实战专家于海博老师有句话，笔者甚是认同。他说，抛开产品谈营销都是耍流氓，因为医院的价值永远都体现在患者的满意上，而患者满意的前提就是医院的疗效要显著，服务要贴心，价格要公道。只有在这样的前提下谈医院的营销才是坚守了无形的大象，才能推动医院良性持续发展。否则，所谓的营销可能是无源之水，从而带来最终的失败，"魏则西事件"就是典型的反面教材。

第三十五章 道淡无味

【"和"解本章】

本章关键词：常和道同在，大美度人生

道在你心中，道在我心中，道法自然蕴含在宇宙苍穹。道是天上天，道是水下龙，道使日月和星辰相守永恒。道总告诉你，上善若水行，道也悄悄告诉我，为而不争。道中有阴阳，和而容不同，道行天下不言教，润物细无声……道总无亲疏，常与善人行，遵道方为大智慧，惟道是从。道修德行正，天下归一统，圣人老子道德经，中华文明。

道可道，名可名，道虽无味亦无形，行道大美度人生。

第三十六章

物极则反

【古文今诵】

将欲歙①之，必固张②之；将欲弱之，必固强之；将欲废之，必固兴之；将欲夺之③，必固与之④。是谓微明⑤。柔弱胜刚强。鱼不可脱于渊⑥，国之利器不可以示人⑦。

【古文今译】

①歙：收敛、合上的意思。

②张：扩张、打开的意思。

③夺：夺取的意思。

④与：同"予"，给予的意思。

⑤微明：微妙而显明。

⑥渊：水源的意思。

⑦示人：显示，引申为炫耀的意思。

想要收敛它，必先扩张它；想要削弱它，必先加强它；想要废除它，

必先强盛它；想要夺取它，必先给予它，这就叫做微妙而显明。柔弱胜于刚强。鱼的生存不可以脱离池渊，国家严酷的权势禁令和尖利武器不可以经常向世人拿来炫耀。

【古文今解】

老子在本章中重点描述了物极必反、两极转化、辩证统一的观点。老子用"欲歙先张，欲弱先强，欲废先兴，欲取先予"等一系列的现象来充分表达"物极则反"的道理。从而揭示了"弱则胜强"的规律，再次重申了老子贵柔、尚弱、厌强的主张。在本章的最后，老子用"鱼不可脱于渊，国之利器不可以示人"的谆谆忠告，为国君治理天下给出了"无为之治，不争而得，遵道而行"的建议。

下面我们重点解读一下"将欲歙之，必固张之；将欲弱之，必固强之；将欲废之，必固兴之；将欲夺之，必固与之"这四句话。

理解这几句话的核心，必须全面了解老子在整部《道德经》中表达的主要观点。老子在《道德经》中强调的核心观点归纳起来如下：

第一，老子强调"反者道之动"，老子认为，事物总是会朝着相反的方向运动；平凡的人总是只看到事物的眼前表象，而老子则更关注事物背后隐藏的规律；第二，老子说，万事万物都是一个阴阳综合体，彼此依存，相互转化，既对立又统一。所以老子讲"万物负阴而抱阳，冲气以为和"；第三，老子倡导以柔克刚，以弱胜强。需要特别说明的是，老子心中的以柔克刚所指的"柔"，不是柔弱无力，而是柔韧更能长久，刚烈更易早亡。老子所言的以弱胜强的"弱"，不是软弱无能，而是有雄强的资格，但却甘愿显弱，是一种谦卑不争的高尚品格。正如老子在二十八章中所言："知其雄，守其雌，为天下溪。为天下溪，常德不离，复归于婴儿"就是这个道理；第四，老子主张无为而治，与世无争，因其不争，故天下莫能与之争。

如果理解了老子上述四个核心观点，那么也就能自然而然地理解"将欲歙之，必固张之；将欲弱之，必固强之；将欲废之，必固兴之；将欲夺之，必固与之"这四句话的含义。当然，乍一听老子这四句话似乎有种"欲擒故纵"的阴谋在里面，其实不然，是老子领悟到了道的背后规律，恰恰体现了老子遵道的思想。借此，笔者表明对"阴谋"的一个观点，阴谋并非都是我们大多数人理解的"阴险"之意，人们总是会把"阴谋"与"诡计"联系在一起，其实，阴谋是道运转背后隐藏的规律，不是完全的贬义，只是这背后的规律很少有人参透而已。只要是有利于众生的事情，使用"阴谋"也是善行之举。

下面我们重点解读一下"鱼不可脱于渊,国之利器不可以示人"这句话。

老子用"鱼不可脱于渊"这一既生动形象又朴实易懂的生活常识,再次重申了柔弱胜刚强的哲理。众所周知,如果一条鱼太逞强斗能,乱跳乱蹦,很有可能脱于水中,落于岸上,一旦鱼儿离开水,相当于自寻死路。由此及彼,由小看大,在国家治理方面也是同理:作为一国之君,不能为了一己私欲逞强好斗,不可经常向他人炫耀本国锐利的武器,这样会带来战争的危害;对待百姓也不能粗暴蛮横,不可经常拿严酷法令威慑于黎民,否则,会引起被统治者的反抗。

【古为今用】

微明乃是大智慧,贵柔才是真得道。

老子在本章中讲到"是谓微明"。何为微明?老子经常以小喻大,以微明言真明,微明的含义就是隐匿的大智慧。而这个隐匿的大智慧具体是指什么呢?就是指人们能懂得"将欲歙之,必固张之;将欲弱之,必固强之;将欲废之,必固兴之;将欲夺之,必固与之"的深刻逻辑,则是微明。说到底,老子是想向世人表达"柔弱胜刚强"这一核心。

老子对贵柔厌强的论述在《道德经》中的很多章节都能看到,比如第三十章所言的"以道佐人主者,不以兵强天下……物壮则老";第四十三章所言的"天下之至柔,驰骋天下之至坚";第七十六章所言的"坚强者死之徒,柔弱者生之徒。是以兵强则不胜,木强则折。强大处下,柔弱处上";第七十八章所言的"天下莫柔弱于水,而攻坚强者莫之能胜"等。从道的运动规律而言,贵柔,则可以长久;从养生的角度而言,身体越柔则越健康,死人的身体才是僵硬的;从物极必反的角度而言,太过强盛就意味着走向衰弱;从老子所处的春秋末年社会背景而言,由于各个诸侯国各自争强称霸，导致战争频发，天下苍生饱受战火疾苦。所以，老子多次提出贵柔的核心思想。当下的我们在健康养生、家庭幸福、为人处世等各个方面都要深悟"微明"之奥妙。微明乃是大智慧，贵柔才是真得道。

【"和"解本章】

本章关键词：和则生柔，柔则达和

圆满的人生，和为先。家庭幸福离不开夫妻和睦、六亲相和；事业有成离不开团队和谐、和气聚力；身体健康离不开内心平和、五行俱和；生活的美好离不开社会和谐、天下和平……

和则生柔，我们经常以温柔贤惠赞美女性之美。柔则达和，我们经常以柔和儒雅赞美文人贤士。以和为道是非自然少，以柔为纲祸患自然消。心中常怀"和"，行中多贵"柔"，此乃微明大智慧也！

第三十七章

不欲以静

【古文今诵】

道常无为而无不为①，侯王若能守之②，万物将自化③。化而欲作④，吾将镇之以无名之朴⑤。无名之朴，夫亦将无欲。不欲以静，天下将自定⑥。

【古文今译】

①道常无为而无不为：道永远顺应自然规律不妄为，故则无所不为。

②守之：持守大道。

③万物将自化：自然而然地归化于道，与道融合一体。

④欲作：私欲产生、私欲兴起、私欲膨胀。

⑤镇之以无名之朴：镇，降服、安也之意；无名之朴，喻指道；即用道去降服心中膨胀的私欲。

⑥自定：内心自然安定。

——————

道永远顺应自然规律不妄为，故则无所不为。侯王如果能持守"道"的规律为政治民，万事万物就会自然归化于道。在万事万物归化于道中若产生私欲,我就要用"道"来镇住它。用"道"的真朴来镇服它,就不会产生私欲膨胀之心了,万事万物没有了过甚的私欲之心,天下便自然而然达到稳定、安宁。

【古文今解】

老子在本章中重点论述了以道治国的理念,老子在为政治民方面一直都积极倡导"遵循大道、无为而治"的价值主张。在第二章中老子就有言:"是以圣人处无为之事,行不言之教";第十七章中有言:"悠兮,其贵言。功成事遂,百姓皆谓我自然";第三十五章有言:"执大象,天下往"等,这些都表达了老子遵道治国的思想。因为,在老子看来,大道至简,管理朝政、治理万民看似很复杂,但是,这其中有一个纲举目张的核心,以道为总纲,以德为准绳,天下百姓自然归顺。

第三十七章 不欲以静

下面我们重点解读一下"道常无为而无不为"这句话。

这句话，有两种不同的断句方式。一是把这句话直接连起来读"道常无为而无不为"；还有一种是"道常，无为而无不为"（见徐仁法《陪你读老子》）。此两者尽管断句方式有异，但是诠释的意思是一致的。理解道常无为而无不为这句话，要从三个层面思考：一是道是永恒的，道按照自身的规律运行，从不强加妄为。其他万事万物皆由道生，也将必然归从大道的本质属性。所以道对万事万物看似无为，实则无所不为；第二，老子通过道常无为而无不为这句话，告诉国君遵从道的特性来对待天下，不要妄加干涉百姓生活，不能太过政令繁苛，让百姓按照自身的风俗安宁生活；第三，老子所言的无为并非真正的逍遥自在，无所作为，消极颓废，而是在遵道的前提下积极地去做利于百姓的善行善为。

下面我们重点解读一下"化而欲作，吾将镇之以无名之朴"这句话。

化而欲作，吾将镇之以无名之朴。这极其简单的一句话充分体现了老子崇尚大道之学的伟大意义。老子说，如果人们在自化归道的过程中，内心动起了私欲，那么，我就用道来安住他们的私欲，来降服他们的私欲。

其实，在万物向道归化的过程中，产生私欲是正常的。我们扪心自问，哪一个人没有私欲呢？欲望与生命同在，欲望与人性共存。但是私欲膨胀则会妄为。那么，问题来了，既然欲望是人们与生俱来的，永远都有的，我们该如何管理自己的欲望呢？老子斩钉截铁地给出了答案，这答案就是，欲望兴风作浪，我就用道来镇住它。一是，用道镇住欲望不再生长，二是用道引导人们的欲望由"私欲"转化升华为利于他人的"公欲"。有了道的巨大作用，人们的欲望就不会膨胀不止了，就不会利令智昏了，就不会为所欲为了，就不会得意忘形了。

【古为今用】
心静才能读经，无欲方可论道

> 春有百花秋有月，
> 夏有凉风冬有雪。
> 若无闲事挂心头，
> 便是人间好时节。

这首诗把心静淡然、自得四季美好的人生智慧诠释得淋漓尽致。闲事扰心，多为私欲所致。在当下崇尚成功之道的功利空气中，我们还能闻到来自天地间的自然味道吗？在一个车流如潮的闹市中，我们还能寻找到梦中的那片桃花源吗？在一切匆忙奔逐的节奏里，我们还能静下心来读书诵经吗？也许很多人会说：我天天忙得连看微信朋友圈的时间都没有，哪还有什么时间来读书诵经呢，那也太奢侈了吧。是的，心归自然，心归于己，在当下来讲真的是件挺不容易的事情。但是这恰恰是因为我们离道太远了，以致我们在错误的路上拼命地追逐着。

心静才可读书，无欲方可论道。若要论道，先读《道德经》。若要修道，先明《道德经》。《道德经》蕴含着人生大智慧，是一切智慧的源头。正如德国著名哲学家尼采感悟《道德经》所言：老子思想的集大成者——《道德经》，像一个永不枯竭的井泉，满载宝藏，放下汲桶，唾手可得。

【"和"解本章】

本章关键词：国和源于尊道，民和来自贵德

老子在本章中有言：侯王若能守之，万物将自化。守什么？守道。守住天道，应做利而不害之事；守住地道，懂得生而不有之德；守住人道，具有为而不争之品。如此一来，万物会自动归向于道，百姓则自然归顺于国。因为当一切都遵道而行、贵德而为的时候，人们就减少了私欲的兴起，消除了战乱纷争，实现了不欲以静、天下将自定的治国为政之果。

所以，国和源于尊道，和谐中国，需要道的回归；民和来自贵德，和谐社会，需要德的化育。

致谢

上小学时候，一位教我书法和写作的郭老师常说一句话，叫"下笔如有神"，那时候对这句话没有太深刻的理解。当《和道同行》下笔之时，我反复放下笔，再捡起，然后再放下……因为始终没有找到笔下有神之境，故不敢浪费笔墨。

尽管自己出生在老子故里——河南鹿邑，从小就能经常听到长辈们讲关于老子骑青牛、老子得道升仙的故事，参加工作后也多次到老子诞生地沐浴老子文化的点点滴滴，再后来随着自己对老子文化的愈加敬畏，曾多次在企业、政府单位、文化交流平台等场合以自己的浅见拙识分享《道德经》，但始终不敢去以著书的方式碰触《道德经》，一是因为《道德经》的博大精深，二是因为古往今来已有很多前辈名家推出了众多关于《道德经》的著作。倒不是担心自己的沧海一粟会被大海淹没，而是害怕自己根底不牢，曲解了圣人老子的思想。尽管朋友们多次鼓励下笔，我也曾暗下决心夜晚"挑灯伏案"，但颤抖的手还是无法握笔落纸。

直到有一天，我的同乡好友朱朝亮老师，赠我一本由老子书画院院长、东方艺术研究院客座教授王殿举先生所著的《老子》一书，潜心拜读之后（此书以最详实的史学资料为依据，还原了老子的传奇人生，去除了很多对老子神化的装饰，让人们看到了圣人老子的人性光辉），我终于鼓起了提笔的勇气。因为我知道该朝什么方向下笔了，我想，将《道德经》的智慧应用于自身的人生才是最接地气的，就如同我们以圣人老子为楷模，尽心尽力学习和践行老子的人生智慧。

基于此，我特别感谢朱朝亮老师和王殿举先生。

当然，我要深深地感恩我的父母把我诞生在老子故里，从而让我对《道德经》有一种特殊的情愫；感谢我的父母把我诞生在和姓之家，让我更有感触地探究"和文化"与《道德经》之间丰富多彩的联系。

我要感谢华夏智扬公司的宋涛先生、协仁医管珠峰学院于海博先生、豫东平民医院院长王天相先生、上海天佑集团董事长任群榜先生，山西开元济民医院院长赵毅先生，感谢我的老朋友张恒心先生、姜宽先生，他们给予了我精神上的能量。感谢默默赋予我正能量的北京医源堂中医研究院院长张文凯先生，感谢我人生中的良师益友张新义先生，李新先生，王朝辉先生，刘岚女士。还要特别感谢我的妻子，在我伏案写作期间为我创造了时间和空间，感谢我的女儿给我说的"爸爸，加油"！

由于本人才疏学浅、阅历不丰，提笔写下《和道同行》这部书，更多的是热情大于能力，爱好大于学识，所以此书中肯定会有诸多不足之处，还望各位读者不吝斧正。

和振刚

2018 年 9 月

大道无形德有声

——偶感

（一）

道在你心中，道在我心中
道法自然蕴含在，宇宙苍穹
道是天上天，道是水下龙
道是日月和星辰，相守永恒
道总告诉你，上善若水行
道也悄悄对我说，为而不争
道中有阴阳，和而容不同
道行天下不言教，润物细无声
道可道呀非常道，名可名呀非常名
能道不道道无极，能名不名名乃容
天道皆利利万物，功成弗居隐无形
道在心中心为道，老子不老不老情

（二）

道是万物主，万物依道生

造就山河与草原，鬼斧神工

道总无亲疏，常与善人行

知常曰明大智慧，唯道是从

道让人虚极，道让我笃静

为道日损又之损，无为得功

道修德行正，天下归一统

圣人老子道德经，中华文明

道可道呀非常道，名可名呀非常名

能道不道道无极，能名不名名乃容

天道皆利利万物，功成弗居隐无形

德行天下圣人范，老子思想照人生

悟道

——楹联十副

第一副

上联：道为体德为用道德一体

下联：修要静行要实修行今生

横批：悟道行德

第二副

上联：无生有有复无循环往复

下联：阴抱阳阳载阴互为共存

横批：道法自然

第三副

上联：生不有为不恃长不宰功不居是谓玄德

下联：曲则全枉则直洼则盈少则得乃为真谛

横批：无为而治

第四副

上联：居善地心善渊与善仁言善信政善治事善能动善时上善若水

下联：敬道经学道诚悟道明修道真传道广行道远弘道承道泽天下

横批：唯道是从

第五副

上联：道生本道生源道育万物

下联：德立身德立业德兴家旺

横批：天道为善

第六副

上联：道在心中心为道道心相通

下联：德行天下天德厚厚德载物

横批：知行合一

第七副

上联：道生万物利万物利而不害

下联：人活一世为一世为而不争

横批：知足常乐

第八副

上联：弱胜强柔胜刚知雄守雌

上联：下为上后为先知荣守辱

横批：无私故大

第九副

上联：多色目盲多音耳聋清净自得道

下联：少名气正少利心安寡欲乃为德

横批：少私寡欲

第十副

上联：西出函谷关留下五千言老子伟大

下联：弘扬道德经传承民族魂后人之志

横批：承前启后

读后随笔

读后随笔

读后随笔

读后随笔

读后随笔

——— 好书是俊杰之士的心血，智读汇为您精选上品好书 ———

东方智慧作为古老智慧之一，五千多年从未中断过，一直在流动与传播。本书强调知行合一，就人生修行提供一次自我对话的机会。　　央视百家讲坛大咖鲍鹏山、韩田鹿、郦波联袂推荐，已使成千上万企业家学员受益！　　"翟杰国学智慧三部曲"系列丛书之一，全面详解《鬼谷子》智慧，中国教育艺术泰斗、国学大师李燕杰教授倾力推荐。

作者以云淡风轻的态度谈人生、谈事业、谈成功，向我们展示了一个充满灵性的生命旅程，具有思想启迪与行动指导意义。　　本书帮助家长实施家庭、个人、孩子规划，助力更多的家庭实现自我成长、家庭和谐和孩子的健康成长。　　女性励志读物，写给做最好自己的你——活得优秀的同时也要爱得优雅，这才是最好的人生。

更多好书 >>

智读汇淘宝店　　智读汇微店

—智读汇系列精品图书诚征优质书稿—

　　智读汇全媒体出版中心是以"内容+"为核心理念的教育图书出版和传播平台，与出版社及社会各界强强联手，整合一流的内容资源，多年来在业内享有良好的信誉和口碑。本出版中心是《培训》杂志理事单位，及众多培训机构、讲师平台、商会和行业协会图书出版支持单位。

　　向致力于为中国企业发展奉献智慧，提供培训与咨询的**培训师、咨询师**，**优秀的创业型企业、企业家和社会各界名流**诚征优质书稿和全媒体出版计划，同时承接讲师课程价值塑造及企业品牌形象的**音像光盘、微电影、电视讲座、创业史纪录片**等。

　　出版咨询：13816981508，15921181308（兼微信）

—— **好书是俊杰之士的心血，智读汇邀您呈现精彩好书笔记** ——

—智读汇书友俱乐部读书笔记征稿启事—

亲爱的书友：

感谢您对智读汇及智读汇·名师书苑签约作者的支持和鼓励，很高兴与您在书海中相遇。我们倡导学以致用、知行合一，特别推出互联网时代学习与成长群。通过从读书到微课分享到线下课程与入企辅导等全方位、立体化的尊贵服务，助您突破阅读、卓越成长！

书 好书是俊杰之士的心血，智读汇为您精选上品好书。

课 首创图书售后服务，关注公众号、加入读者社群即可收听／收看作者精彩微课还有线上读书活动，聆听作者与书友互动分享。

社群 圣贤曰："物以类聚，人以群分。"这是购买、阅读好书的书友专享社群，以书会友，无限可能。

在此，我们诚挚地向您发出邀请：请您将《和道同行》的读书笔记发给我们。

同时，如果您还有珍藏的好书，并为之记录读书心得与感悟；如果你在阅读的旅程中也有一份感动与收获；如果你也和我们一样，与书为友、与书为伴……欢迎您和我们一起，为更多书友呈现精彩的读书笔记。

笔记要求：经管、社科或人文类图书原创读书笔记，字数2000字以上。

投稿邮箱：3391271633@qq.com

投稿微信：zhiduhui9

读书笔记被"智读汇书友"公众号选用即回馈精美图书1本。精美图书范围：1. 智读汇已出版图书；2. 京东、当当书城心仪已久的好书。每篇采用的读书笔记，两者任选1本，免费赠书（包邮）。

所有智读汇出版的图书背后，都有精品课程值得关注。欢迎咨询作者课程，希望到课堂现场聆听作者精彩分享请与我们联系，我们共同分享阅读、学习与成长的乐趣！

咨询：13816981508，15921181308（兼微信）

欢迎关注智读汇书友

● 更多精彩好课内容请登录 智读汇网：www.zduhui.com